올곧은 삶,
참마음을 알아차리자

사람은

마음이 맑으면 눈동자가 맑고

눈동자가 밝으면 마음도 밝다.

^{심 정 즉 모 청}
心淨則眸淸하고

^{모 료 즉 심 명}
眸瞭則心明하다

춤뭄玄覽 : 참마음의 모습을 꿰뚫어 앎

올곧은 삶,
참마음을 알아차리자
춤 뭄 玄覽

이환식

문예바다

| 머리말 |

마음에 두고 살았던 일들의 기록

　피할 수 없이 인생 노년기에 들었다. 깊은 회한悔恨의 삶을 산 것은 아니지만 돌연 생각지도 못했던 병상의 기간도 겪었고, 외로움, 그리움, 아쉬움, 허탈함, 때로는 기쁘고 즐겁던 온갖 일들이 추억의 스크린에 혼재하면서 비치고 있다.

　지금 나의 이 집필은 일정한 장르(유형類型)도 없고 학법學法도 없다. 큰 울림의 메아리야 있겠는가마는, 석양빛이 아름답지만 곧 어둠이 올 것이니 다만 무언가 전하고 싶은 마음의 등불을 밝히고 싶다.

문득문득, 순간순간 즉흥적으로 떠오르는 전하고 싶은 여운의 마음이라고나 할까! 마음에 두고 살았던 그저 생각을 적어 본 것일 따름이다.

　일찍이 공자님께서 '술이부작述而不作'이라고 하셨는데, 성현의 말씀을 그대로 기술할 뿐 새로 지어내지 않는다는 뜻이다. 그리하여 나도 성현의 말씀을 빌려 기술하기도 하였고, 때로 야트막한 내 생각을 첨언添言한 것도 있다.

　제1장 시편 말미에 아내의 시 3편도 함께 실었다.

　내가 무슨 익혀 둔 재주가 있어 유창한 창작 수준이야 감히 가능하겠는가!

　새 시대의 상큼한 맛은 아닐지라도 옹자翁者(늙은이)의 넋두리거니 여기고, 바라기는 보글보글 끓인 된장국 맛이라도 느껴졌으면 다행이겠다. 묵은 맛도 입에 당겨서 먹어 두면 건강에 좋은 것처럼…….

　깊이 새겨읽어 보고 적으나마, 혹 백에 하나라도 마음에 양식이 되어 주었으면, 하고 바라는 바이다.

2025. 3. 20

편저자 李桓植 白

| 차례 | 올곧은 삶, 참마음을 알아차리자 |

머리말 / 마음에 두고 살았던 일들의 기록

제1장 시편 • 선곡백현仙谷百見

실마리 _ 14

무채색 _ 16

부부 반일상半日常 _ 18

내 인생의 철로길 _ 20

늦기 전에 _ 22

갑자기 필筆을 잡게 된 열 가지 깨우침 _ 23

님은 홀인원惚人元 _ 24

더러는 문득 _ 25

연화 찬미 1 _ 26

앗아 간 연꽃송이 _ 28

무명화와 연화 _ 30

나는 호련가好蓮家 _ 32

목련이 필 즈음 _ 34

봄의 꽃 목련 _ 36

마누라 무섬증 _ 38

도드라지지 마세요 _ 40

연화 찬미 2 _ 42

선곡백현仙谷百見 _ 43

아지회생我之回生 _ 44

사달思達 _ 46

염모恬慕 _ 47

인생길은 등산길 _ 48

자감수子鑑誰 _ 50

일치一痴 _ 51

못 잊은 추억 _ 52

우리 동네 _ 54

새들의 합창곡 _ 56

다정한 벗 조경 선생 _ 58

대왕바위처럼 _ 60

가을 엽서・최봉선 _ 62

거울・최봉선 _ 64

사랑의 샘물・최봉선 _ 66

제2장 고전 인용편 • 마음의 등불

효의 참뜻 _ 68

마음이 떠나 버리면 _ 70

인사하세요 _ 72

지지知止의 의미를 새겨 보자 _ 74

세 가지로 알아진다는 것은 _ 76

나의 삼락三樂 _ 78

세 가지 망조亡兆 _ 80

배움을 즐겨라 _ 82

함께 착하게 살자 _ 86

옥을 품은 사람 _ 88

아는 사람은 말이 없다 _ 90

아는 체하는 것은 병폐다 _ 93
배려는 공생이다 _ 95
굽혀짐의 이치 _ 97
양 갈래 길 _ 100
분별력 좀 기르자 _ 102
말의 신표信標 _ 104
유익한 벗, 해로운 벗 _ 106
유익한 즐거움 _ 108
꾸짖음과 용서하는 마음 _ 110
평범치 않은 즐거움의 회초리 _ 113
신언信言, 선자善者, 지자知者 _ 116
분수에 맞춰 살자 _ 118
사과는 최선의 처세술이다 _ 121

함께 달성하자 _ 124
분수를 편안히 하자 _ 126
사귐의 진실 _ 129
순간을 잘 견뎌라 _ 133
일의 해결은 우선순위로 _ 135
분할수록 마음을 다스려라 _ 137
평생 배움을 권합니다 _ 141
학문에 방심은 금물이다 _ 145
진정한 어버이 섬김 _ 148
소인과 대인의 분별 _ 152
소인과 대인의 이해 _ 156
같으면서 아닌 것을 미워한다 _ 160
천명을 거스르는 자는 망한다 _ 166
일의 실마리를 가까이에서 찾자 _ 171
마음의 창은 눈동자이다 _ 174
죽음보다 더 중한 신뢰 _ 177
정성스럽고자 함은 천도를 본받는 것이다 _ 182

부록 / 예악과 인격 형성 _ 188

맺음말 / 늦기 전에 _ 214

제1장 · 시편

선 곡 백 현
仙谷百見

실마리

보고파도 찾고파도
그토록 보이지 않는
실마리는

도모지塗貌紙의 술책인가
존재함에 주어진
숙제가 아닐런가!
오직 찾고 또 찾아도
괴로움뿐

어느 철학자가
유有는 무無에서 생겨난다*
하였던가?
그렇구나!

---

*『도덕경』 40, 有生於無

아마도 그런가 보다

찾았다
염원念願의 실가닥이 보인다
실마리가 보인다
아주
가까이에서……

무채색

당신은 혈기 방강方剛할 때
그야말로
색상이 화려하였죠
명도明度도 빛이 났고요
그리고 채도彩度도 선명하였죠

그런데
요즈음 당신은
채도가 흐려지고 있어요
늙으려거든 차라리
무채색無彩色으로 사세요

그래도 당신에겐
아직도 명도만은
빛나고 있어요

〉
비록 채도는 흐려져 갈지라도
당신과 나는 차라리
무채색으로 삽시다

부부 반일상半日常

당신과 나는 잘 자요

서로 잠자리를 챙겨 주고
네 방, 내 방에서 잠을 잔다.
활개를 펴고 편히 잔다.
썩 자유스럽다.

언제부터일는지
아침에 일어나면
자연스럽게 "편히 잘 잤어요?" 하고
문안 인사를 한다

왠지 만나면 애처롭고, 안쓰럽고
남은 생이 아깝기만 하다.
우리는 꼭 한 번 끌어안고

쓰다듬어 준다.
가슴에 듬뿍 사랑을 담아서……

언제부터인가
아내의 얼굴은
등불이 더 환히
밝아지고 있더이다!

내 인생의 철로길

희망을 포부抱負하였으니
진학進學을 하였고
먹고살 길을 찾고자 하였으니
공학工學을 하였다.
역량力量을 바쳐
진솔하게 일하였으니
아쉬움도 부끄러움도 없다.

인간의 평형성平衡性을 찾고자
인문학으로 또 향했다.
희망봉의 깃대 위치를
드높여 찾지도 않았으니
실망하며 살지도 않았다.

인생 산수傘壽에 더러는

불편이 없지는 않으나
그래도 좋은 천명天命을 받으며
살고 있는 셈이다.
인생아, 고맙소
그리고 행복하오!

늦기 전에

붙잡을 수만 있다면
잡으련만
잡을 수가 없으니
야속한 것이
세월이 아니던가!

늦기 전에
값지고 멋진 일에
흠뻑 빠져들어 보세요
좋은 추억 남겨 보세요

그리고 라일락꽃
향기에 푹 취해 보세요
더 늦기 전에
어서요……

갑자기 필筆을 잡게 된 열 가지 깨우침

- 이윽고 내 나이 산수傘壽 넘긴 것을 알았기 때문이다.
- 기억력이 전과 같지 않음을 알았기 때문이다.
- 뇌 건강에 도움이 될 것이란 걸 알았기 때문이다.
- 시력이 한계가 있음을 알았기 때문이다.
- 하늘이 주신 건강도 한계가 있음을 알았기 때문이다.
- 늙음은 회피回避의 대상일 수밖에 없는 존재란 것을 알았기 때문이다.
- 내게 부여附與된 일이란 아무것도 없다는 것을 알았기 때문이다.
- 후세後世들에게 마음을 전해 줄 메시지가 없다는 걸 알았기 때문이다.
- 글이란 사실대로 묘사하는 특정인들만의 것이 아니란 걸 알았기 때문이다.
- 그래도 아직은 기필코 구상력을 되돌려볼 생각이 있음을 알았기 때문이다.

님은 홀인원惚人元

아침 이슬 맺힌

초롱한 연꽃송이처럼

어쩌면 그토록

고결高潔하고

아름다운 자태일까!

자당子堂*은

정말로

홀인원惚人元**이십니다

늘

그렇게

그러하시구려.

---

* 子 : 아들, 당신, 임자, 자네
  堂 : 집, 여성을 지목하여 높여 부르는 글자. 예) 慈堂 : 상대방의 어머니 존칭어
  子堂 : 당신께서
** 惚人元 : 으뜸으로 황홀한 사람

더러는 문득

세월의 흐름 속에
더러는 문득
야무진 희정의
잔잔한 미소가 보인다

생의 물결은
너를 그처럼
바삐 몰고 가겠구나!

그래도
아름다운 악보는
쉼표가 있단다.

연화 찬미 1

너는 한 떨기 연꽃송이
나는 너를 애초愛招의 눈짓으로
때로는 찬미의 눈짓으로
바라보곤 한다.

그런데 갑작스런
취우驟雨가 쏟아지더니
또 어느새
말끔히 갠다.

있노라면
온 세상 평화와 사랑이
포근히 내 품으로 안겨 온다.

나는 또다시

찬미의 눈짓으로
바라다본다.

앗아 간 연꽃송이

오호 통제痛啼라!

내 어찌 일찍이
이럴 줄을 몰랐던가!

갑자기 한여름 표풍飄風이
소스라치게 일더니
겨우 솟아오른
내 아끼는 연꽃송이를
그저 그만
꺾어 앗아 버렸네

오호 통제로다!

하지만 나는 찬미하노니

내일이면 또다시 더 예쁜

한 송이 연화가

나를 반겨 피어오르리라

무명화와 연화

너는 일찍이 짓궂은 바람결에
씨알이 날아들어 겨우 뚝성이에
자리 잡고 싹을 틔우고
흉내라도 낼 양 꽃을 피웠다.

세인世人들은 예쁘지도 않고
끌리지도 않는
무슨 꽃인 줄도 모르니
무명화無名花라 불렀다.

나로 이르면 연꽃이라 칭하니
얼마나 고결하고 아름다운가!
긴 세월 물속에서 자리 잡고 있으면서
찌꺼기 따위는 세법洗法을 치르고
솟아났으니

세상 땟국물 정도는
씻고 살았단다

어찌 굳이 네가 나와
감히 견주려[敢比] 드느냐!

나는 호련가 好蓮家

내가 연꽃송이만 좋아한다구요?
아니
그렇지 않답니다.

예쁘게 쭉 뻗은 줄기며
무슨 이유로
한 알의 물방울마저도
진실이 아니라며 흘려버리는

타협이라곤 모르는
연잎 같은 굳은 절개를
어디서 보았나요?

그토록 받쳐 주는 꽃송이는
진실 아닌 곳이 있던가요!

〉
이런 고결함을 좋아하는
나는 호련가지요.

목련이 필 즈음

보송보송 솜털머리로
무엇을 보이려고
그리도 망설이더니
이윽고 어느 따스한 봄날
연두포連頭包를 벗어던졌네

깨끗하기론 잡티 없는 백옥이요
수줍기로는 열일곱 큰애기 미소일세
풍기는 향기는 넋마저 흔들어 놓고

황하고도 홀함이여 매혹이로세
소복의 천사여!

가지 마오 잡으렸더니
머무름은 짧기도 하여라

〉
살짝 보이기가 부끄러워
하마도
망설였던가! 보구려

봄의 꽃 목련

매서운 추위가 싫어
따스한 봄기운을 기다렸더니

가엾을 만큼 앙상했던 가지에는
꽃망울이 보풀기 시작한다!
얼마나 혹한과 싸우던
몸부림이었을까

꽃 마중 가려 했더니
어느새 어김없이
우아함을 뽐내며
화려하게 그대가 왔으니
봄은 봄인가 보구려!

희망의 문을 열어 주는 꽃

그대 이름은
나무에 핀 연꽃,
목련꽃이라지요
우아하고, 화려하고, 고결한 자태!

아! 참으로 아름답습니다.
연꽃과 견줄 만한 꽃
당연 목련꽃 그대이지요.

마누라 무섭증

살아가다 마나님이
여―보―오 하고 부른다.

아이쿠 또 뭐가 있구나!
왜~?

이거 이것 좀 ○○해요
알았슈―우― 하고 행동에 옮긴다.

또 살다가
여보 여보 하고 부른다.
왜?

삶은 계란 드세요.
알았어요, 그럴게요.

좋아요, 여보!

세상 마나님들
영감 부르실 때
'여보'를 짧게
자주 좀 부르세요.
길면 영감
깜짝 놀랍니다.

도드라지지 마세요

늙으려거든 도드라지지 마세요
늙기를 누가 원해서 왔나요

몸 한구석이라도
도드라지면 종양이 되고

생각과 마음이 도드라지면
정신적 상처가 되어
심신에 혼란이 오지요

그런대로
평생 평온을 유지하며 살려거든
몸도 심정도
도드라지지 말고

평정심을 찾아
제발 도드라지지 마세요

연화 찬미 2

당신은 수중에서 피어난
한 떨기 연꽃송이
인자한 모습이며
고매한 고운 자태!

당신을 보고 있노라면
온 세상 사랑과 평화가
내 온몸에 스며 옵니다.

당신을 바라볼 수 있기에
아…… 참으로
행복이려오!

仙谷百見
_{선 곡 백 현}

― 신선의 계곡은 백 가지로 나타나네

千壽山下 _{천수산하}	천수산 아래에서
望仰仙谷 _{망앙선곡}	신선계곡 우러러 바라보니
百視百見 _{백시백현}	백 번을 보아도 백 가지로 나타나네
天作妙景 _{천작묘경}	하늘이 만든 묘경이로세
子與我焉 _{자여아언}	당신과 나 거기에서
百載享樂 _{백재향락}	백년 즐거움 누려 보세

我之回生
— 내가 되살아나다

我患病床 _{아환병상}	내가 환중으로 병상에서
唯一存生 _{유일존생}	오직 살기만 바랐더니
天察祐乎 _{천찰우호}	하늘이 보살펴 준 도움인가
仁術佑乎 _{인술우호}	좋은 의술의 도움인가!
子女孝誠 _{자녀효성}	아들딸의 효성과
妻憂慮乎 _{처우려호}	아내의 근심된 우려인가!

| 친 족 염 원
親足念願 | 형제간의 염원이요 |

| 친 지 기 도
親知祈禱 | 친한 분의 정성스러운 기도이며 |

| 친 구 정 심
親舊情心 | 친구들의 우정 어린 마음일세 |

| 개 합 기 원
皆合祈願 | 모두 합장하여 기원하였으니 |

| 금 재 회 생
今在回生 | 지금의 삶이 다시 있음일세 |

| 백 배 감 사
百倍感謝 | 백배로 감사드리옵니다.

思_사達_달
— 생각을 달성하다

思_사必_필在_재焉_언이면　　생각을 반드시 두고 있으면

志_지相_상通_통也_야이니　　뜻이 서로 통하는 것이니

故_고能_능成_성思_사니라　　고로 생각을 이룰 수 있다.

爾_이曹_조懷_회思_사하여　　너희들은 생각을 품어

志_지常_상抱_포中_중하고　　뜻을 항상 심중에 끌어안고

疾_질走_주努_노力_력하면　　노력에 질주하면

必_필達_달希_희望_망이니　　반드시 희망을 달성하리니

是_시云_운眞_진言_언이라　　이는 진실로 이르는 말이다.

恋慕
염 모

— 사랑하고 사모합니다

참되시고 곧으시며
부지런하시고 검소하시며
고달프시나 굳건하시며
선하시고 배려하시며
늘 조부모님께 효성스러우시던
아버님, 어머님

천궁天宮에서 영원토록
늘 오래 편히 안식安息하시며
행복을 누리옵소서
유지遺志를 잘 이어받아
빛내오리다

* 부모님 묘전墓前 비문碑文 갈석기碣石記

인생길은 등산길

여보게
따사로운 오뉴월에 산에 오르다가
헐떡이는 숨을 고르고자
바윗돌에 걸터앉아 땀을 훑어내며
찬물 한 모금 꿀꺽 마셔 보았는가?
그러다가 정상에 올라가
사방을 둘러보면
아마도 자네는 천지의 땅부자지 뭐!

인생은 오르락내리락
등산길과 같은 것
자네의 인생이 혹 고달픈가?
여보게
반드시 그다음은 꿀맛 같은
"찬물 한 모금 꿀꺽"이

기다리고 있다네
버텨 낸 만큼 단맛이 있는 법이지!

子鑑誰
자 감 수

— 아들의 거울은 누구

子兒養功 唯誇恃矣나
자 아 양 공 유 과 시 의

若棄恩功 瑞光燎乎아
약 기 은 공 서 광 료 호

置處子息之鑑誰哉리오
치 처 자 식 지 감 수 재

자식 아이 기르는 공 자랑스럽다지만

은공을 버리듯이 과연 서광도 비치려나

두어라, 자식의 거울은 누구이겠는가

— 노트

오로지 자식놈만 예쁘다고 자랑하면서 키웠건만 성장하니 은혜를 모르는구나. 공들인 빛을 과연 볼 것인가? 내려놓고 자네 부모님부터 우선 극진히 모시면 자식은 자연스럽게 그 모습을 보고 익혀서 자식에겐 거울이 될 것이다. 자네의 서광은 자식을 그렇게 키우는 데 있는 것이야.

一痴
^{일 치}

— 한 가지 어리석음

인생들이여 당신은
죽음에 대하여 심각深覺해 본 적이 있나요?

"인생의 가장 어리석음[痴]은
인생의 마지막 관문은 죽음이라는 것을
잊은 채로 살고 있다는 것"이지요.

죽음에 대하여 심각深覺하고 있습니까?
당신은 그 순간이 언제라고 알고 있나요?

어리석음에 빠져
모르는 죄악을 더는 짓지 마십시오,
어리석은 인생들이여!

못 잊은 추억

라일락꽃 향기 짙던 어느 날
시금치 한 가닥 단무지 한 쪽으로
초라하게 버무린 김밥 한 덩이
챙겨 들고
아장아장 아들놈 손잡고
힘겹게 찾은 대공원 벌판 한편에서

풍선공 차며 그렇게 즐겨 놀던
아들놈 재롱 보며 마냥 행복에 겹던
풋내기 우리 부부는 그때가
가끔 떠오른다오.
추억에 젖어 눈시울이 촉촉!

이제는 백발 중에
헤아려 보기 힘든 검은 머리카락

무엇이 갖고 싶소? 묻는다면
아무 아무것도 없소!

무엇이 아쉬움이냐? 묻는다면
굳이 챙겨 볼 일도 없다오.

소망이 뭐요? 묻는다면
사는 날까지 몸이나 성하다면!
그뿐이라오

우리 동네

팔당호 넓은 고을 천 휘도는 물머리에
빙 돌아 푸르른 산 한복판
집터로는 으뜸이라 원당이라고

아침마다 온갖 새들이
지저귀며 문안드리어 노래하는 곳

쭉 뻗은 소통길은
정다운 삶의 소리 연결길

집집마다 소박한 울 안에는
알뜰히 가꿔 놓은 야채랑
꽃들이 옹기종기

정겨운 이웃 간의 화두라네!

아 – 아 예쁘고 아름다워라
사이 좋은 우리 동네

새들의 합창곡

마을 새들의 합창단이
멀리에서도 가까이에서도
이쪽 그리고 저쪽에서

지저귀는 온갖 새들 소리는
무슨 의미로 애처롭게 우는 건지
즐겁게 노래하는 건지
황홀경뿐일세!

아마도 봄의 교향 합창곡인가
음악이란 고저장단이라니
때로는 좀 높아도 좋고 낮아도 좋다
더러는 늦어도 좋고 빨라도 좋다

너희들은 악보가 없을 터이니

그래도 내 귀는 즐겁단다
너희들의 합창곡에 취해 살고 있으니!

다정한 벗 조경 선생

요즈음 어떠하오, 건강 좋으시고
작품 활동 여전하시지요?

하여튼 뜸하여 미안하오.
나도 늙었다오
싫은 곳 갔다 왔더니
그만 밥맛이 떨어지고
힘을 잃었으니 용기도 주춤하고
넋이 혼란하니 전과 같겠소!
의욕이 저조하니 살맛이 떨어지오.
보기 싫은 것 안 보려니 앞이 침침하고
가다듬어 살려 하니 늙은이 심정이랴!

홍수 같은 소식이란 귓전에 맴돌 뿐
장침으로 뚫어야 할 판이니

〉
그래도 내가 누구겠소
한 가닥 각오로 간직한 희망을
기필하며 용기백배 끝 힘으로
좀 더 살아 보려 하오
머지않아 쾌활하게 만나 볼 것이오!

대왕바위처럼

진짜 사랑이
사랑한다, 사랑한다
말만 하면 사랑이냐?
말 없으면 사랑이 아니고?
감이 오지 않으니
듣고 싶은 말 한마디일 뿐이지!

그런 사랑도
사랑은 사랑이라지만
바람 불면 휙 날아가 버리는
백지장같이 얄팍한 사랑
우려스럽다
사랑한다는 말 한마디!

천지개벽이 온다 해도

떠내려갈 일 없는
앞산의 대왕바위 같은 사랑이
진짜 사랑이지!

그 바보 같은 대왕바위가
무슨 말을 조잘대더냐?
말없이 늘
앞산을 지키는 수호신
내가 너를 지키는 것처럼!

염려 마라, 진짜 사랑은
네 앞에 존재하고 있으니

어제도, 오늘도, 내일도
내 가슴은 늘
이글거리는 사랑이 내재하고 있으니……
앞산의 대왕바위처럼.

가을 엽서

최봉선

한 모롱이 돌아
또 한 모롱이 돌아
그리움처럼 가을이 온다

시리게 허전한 왼편 어깻죽지
어느새 하얘져 가는 머리칼
늦은 햇살에 덧니처럼 반짝인다

무엇으로 그리도 가열차던 목마름을
조마로이 조마로이 채워 왔던가

옷깃을 스치며 떨어져 내리는
낙엽 한 잎
엽서인 양 주워 든다

〉
한세월 익힌 연정처럼
붉은 글씨
새벽닭이 우는 내 유년의 마을
그리운 벗에게
띄운다.

거울

최봉선

어느 날 문득 거울을 보니
거울은 아직도 그대로인데
내 젊음은 거울 밖으로
달아나고 없다

이제 어디 가면 그때의
그 풋풋함, 발랄함
싱싱함, 청초함
나긋나긋함, 설레임
싱그럽고 찬란함
무한 사랑의 내 삶의
편린들을 만날 수 있을까

나를 떠난 그것들은

어디를 방황하며 떠돌고 있을까
팔을 아무리 휘저어 봐도
거울 속을 그윽이
다시 들여다봐도 없다.

그것들은 어느 날 무엇으로
다시 여물어 보석처럼 반짝이며
거울 속 가득 되비쳐 올까

퇴색된 머리칼 물들여 보며
조용히 웃어 본다
내 인생의 거울은 어디쯤일까.

사랑의 샘물

최봉선

어디에서 왔는가
빙그레 웃음 짓는 너
지워도 지워도
화산처럼 분출하는 정열의 마그마

너에게 가까이
문득 달려가고 싶은 마음
석상처럼 굳어지려는 의지
쉼 없이 솟아오르는 사랑의 샘물

오늘도 맑게 넘치는 사랑의 샘물은
너에게로 너에게로 흘러만 가는데
띄우지 못한 종이배 사랑
너를 향하여

제2장 · 고전 인용편

마음의 등불

효의 참뜻

수술받은 후 내 몸 전체는 주렁주렁 개선장군의 치장보다도 요란할 정도였다.

혼미한 상태의 나를 간병하던 우리 딸은 초기에 무려 열흘 이상 꼬박 밤낮을 한잠도 눈 붙일 사이 없이 분주했다.

가래가 혀에서 그렇게 심하게 분비되는 것도 겪으며 알았다.

이것이 환자는 물론 간호인을 못 견디게 한다.

간호사, 간병인이 잠시 눈을 떼면 금방 숨을 못 쉴 지경이다.

구강 치료는 겪어 보기 전엔 설명이 안 된다.

어느 사이에 눈 붙여 보겠는가!

안타까운 정황을 지켜보던 앞 병상 베테랑 간병사 왈,

어쩌면 그토록 간병을 빈틈없이 잘하오. 해 본 경험이 있나요?

아니요, 우리 아버지니까 해야지요.

나는 효의 진실한 의미를 내 딸에게서 배웠다.

"우리 아버지니까."

효의 의미를 이 이상 어떻게 더 함축하여 표현할 수 있겠는가!

누워 있던 나는 눈물이 핑 돌았다.

내 딸의 지극함이 나를 살려 놓겠구나!

아들, 딸, 아내, 며느리 모두의 짜임새 있는 역할 분담이 가정사 돌보며 아비를 살리는 데 크나큰 도움이 되었다.

고맙소, 가족애가 최상이지!

나는 지금 집필에 나설 정도로 회복되어 가고 있다.

마음이 떠나 버리면

사람들아 너의 마음을
어딘가에 빼앗겨 버린다면

너의 아내의 예쁜 보조개도
보이지 않고

사랑의 속삭임을 노래 불러도
스쳐 지나고 말 것이며

아내가 정성들인 음식솜씨도
비지떡에 불과할 것이니

사람아
떠나간 너의 마음을 빨리 찾아와
가슴속에 포근히 간직하게나

현실을 아름답게 행복을 키워 보게나

<ruby>心不在焉<rt>심 불 재 언</rt></ruby>이면

<ruby>視而不見<rt>시 이 불 견</rt></ruby>하고

<ruby>聽而不聞<rt>청 이 불 문</rt></ruby>하며

<ruby>食而不知其味<rt>식 이 부 지 기 미</rt></ruby>니라.*

"마음이 거기에 있지 않으면

보아도 보이지 않고,

들어도 들리지 않으며,

먹어도 그 맛을 알지 못한다."

---

*『大學』「正心」1-7.

인사하세요

인사人事란 사람의 일, 또는 사람으로서 해야 할 일을 말한다. 사람을 잘 기르고, 잘 배치하고, 잘 등용하는 일도 모두 사람의 일이다. 그래서 사람이 해야 하는 일이 인사이다.

인사의 事 자는 '일 사'이기도 하지만 '섬길 사'이기도 하다.
섬김이란 공경과 존중의 의미이며, 인사는 서로 섬김을 나누는 것이다.

인사하는 것은 그 사람의 행동거지이며 그 사람의 존재 가치론적 처신이다.

새해 첫날 웃어른을 찾아가 세배드리고 덕담을 듣는 일은 우리의 아주 좋은 풍습이다.

지인이 중병을 치르거나 혹한과 혹서, 혹심한 재난을 겪으면 위로의 인사를 드리는 것도 매우 중요한 처신이다.

인사의 파급력은 매우 크다.

아침 출근길에 환한 미소로 서로 명랑한 인사를 나눈다면 그날 하루는 행복하게 열릴 것이다. 그렇지 못하면 그날 시작은 왠지 쓸쓸할 것이다.

사회 초년생 여러분, 인사성 잘 길러 출세하세요.

출세가 꼭 높은 지위에 오르는 것만인가요.

인사성 좋은 사람이 매사 긍정적이며 일도 바르게 잘하는 법!

인사는 관계 지향성이 있어요.

손해볼 일은 하나도 없어요.

그 사람은 잘 풀립니다.

명랑사회를 만드는 것이 좋지 않습니까?

지지知止의 의미를 새겨 보자

　옛날 시골집 마당에 아장아장 아가를 내놓았는데, 아가는 닭똥이 보이자 먹는 것인 줄 알고 손을 내민다.
　엄마가 깜짝 놀라,
　"에—이 지지! 지지! 안 돼, 안 돼!"
소리친다.
　아직 분간할 줄 모르는 아기에게 이것이 산교육이다.

知止常止면 **終身無恥**니라.*

*『明心寶鑑』「安分」

"그칠 줄 알아 항상 그치면 종신토록 부끄러움이 없다."

요사이 브레이크 고장 난 사람 더러 있지 않은가!
자동차가 브레이크 고장 나면 결국 죽을 수도 있다.
지지! 그것은 이제 그만 그쳐라, 지지! 정신 좀 차리라고 이르는 말이다.

知_{지족}足이면 不_{불욕}辱하고 知_{지지}止면 不_{불태}殆하다.*

"족함을 알면 욕되지 않고, 멈출 줄 알면 위태롭지 않다."

---

*『道德經』44.

세 가지로 알아진다는 것은

갓난아기가 젖을 빨 줄 아는 것은 누가 가르쳐 줘서 알았겠는가?

태어나면서부터 알았으니 이를 '생이지지生而知之'라고 한다.

온갖 것을 배워서 그것을 아는 것은 '학이지지學而知之'다.

아프고 난 뒤에야 건강이 소중한 것을 아는 것처럼 곤경과 고난을 겪은 후에 그것을 아는 것은 '곤이학지困而學之'라 이른다.

그런데 고난을 겪고서도 그것을 배우지 않는 사람은 곤이불학

困而不學이다.

곤困이란 통하지 않는 것이다.

즉 어려움, 괴로움, 곤란을 이르는 말이다.

어려움을 겪고서도 배우지 않는다면 같은 실수를 계속 반복하는 제일 하등급 인간이다.

평생 매사를 겪으면서 안다는 것은 더욱이 소중한 것이다.

_{공 자 왈}
孔子曰

_{생 이 지 지 자   상 야   학 이 지 지 자   차 야   곤 이 학 지 자}
生而知之者는 上也요, 學而知之者는 次也요, 困而學知者는

_{우 기 차 야   곤 이 불 학   민 사 위 하 의}
又其次也이고, 困而不學이면 民斯爲下矣니라.*

공자께서 말씀하시기를,

"나면서부터 그것을 아는 자는 상이요, 배워서 그것을 아는 자는 다음이요, 곤경을 겪고 그것을 아는 자는 또 그다음이고, 곤경을 겪고도 배우지 않으면 사람으로서 제일 아래가 되느니라."

---

*『論語』「季氏」9.

나의 삼락三樂

孟子曰 (前略) 父母俱存하며 兄弟無故이 一樂也요, 仰不愧於
天하며 俯不怍於人이 二樂也요, 得天下英才而敎育之이 三樂
也니 君子有三樂이 王天下不與存焉이니라.*

맹자께서 말씀하셨다.

"(전략) 부모가 생존해 계시며 형제가 무고한 것이 첫 번째

즐거움이요[一樂], 하늘을 우러러 부끄럽지 않으며 아래로는

---

*『孟子』「盡心」上 20.

인간에게 부끄럽지 않은 것이 두 번째 즐거움이요[二樂], 천하에 영재를 얻어 교육하는 것이 세 번째 즐거움[三樂]이다. 군자의 세 가지 즐거움에서 천하에 왕 노릇 하는 것은 여기에 들어 있지 않다."

맹자께서 인생삼락人生三樂을 논하신 것이다.
나의 경우는—.
살아오면서 내 나름 부끄럼 없이 진솔하게 살고자 노력하였으나, 언제일는지 삶의 기한이 다 되어 가야 한다면 어쨌든 땅 반 평이라도 차지할 터이니, 하늘을 우러르고 땅을 굽어보며 한 점 부끄럼 없이 살았다고야 감히 장담할 수는 없지만 그래도 먼저 두 번째 즐거움(이락)으로 치고—.
첫 번째 즐거움(일락)은 부모 형제 생존하셨을 때 무탈하게 정도를 지키며 사셨고, 세 번째 즐거움(삼락)은 아들딸 낳아 올바르게 가르쳐서 세상에 내놓고 건실하게 살아가게 했으니 이만하면 지족향락知足享樂이지 왕이 부러울 것이며 더 바랄 것이 무엇 있겠는가!
이것이 나뿐만 아닌 대다수의 인생삼락 아닐런가!

세 가지 망조

夫人必自侮然後에 人侮之하며 家必自毁以後에 人毁之하며
國必自伐而後에 人伐之하나니 太甲曰 天作孼이면 猶可違어니
와 自作孼이면 不可活이라.*

_{부인필자모연후} _{인모지} _{가필자훼이후} _{인훼지}
_{국필자벌이후} _{인벌지} _{태갑왈} _{천작얼} _{유가위}
_{자작얼} _{불가활}

　사람은 반드시 스스로 업신여긴 뒤에 남이 그를 업신여기며, 집은 반드시 스스로 무너뜨린 뒤에 남이 그 집을 무너뜨리며, 나라는 반드시 스스로 멸망한 뒤 남이 그 나라를 멸망시킨다.

* 『孟子』「離婁」上 8.4.

태갑이 말하였다.

"하늘이 만든 재앙은 오히려 피할 수도 있지만, 스스로 만든 재앙은 살아남을 수 없다."

생각해 보건대, 나 자신은 온전하게 수신修身하여 어느 위치에서도 떳떳하게 서서 남이 감히 업신여길 수 없도록 역량을 갖추어 살아야 하고, 집안은 가지런하게 잘 다스려[齊家] 남이 우러러볼지언정 하시下視하거나 넘볼 수 없도록 할 것이며, 나라는 분란 없이 짜임새 있게 각자 제 위치에서 소임을 다하며 내실을 꾀하고 빈틈없는 치국治國을 하여야 할 것이다.

주인은 오로지 나다.

사람마다 각기 어떻게 살고 있느냐에 따라 다른 결과가 만들어진다.

내가 튼튼해야 나를 지킬 것이요, 내 가정을 지키고 또 나라도 지켜지는 것이다[修身齊家治國平天下].

나 스스로 만든 재앙으로 불행의 길을 걷지 말고, 매사에 숙고하여 나와 내 가정을 지키고, 내 나라를 아름답게 보존하여 큰 발전이 있도록 살아갑시다.

배움을 즐겨라

문헌 중에서 '배움'을 제일 첫머리에서 말한 책은 『논어』일 것으로 본다.

배우면 기쁘고, 즐겁고, 깨우치고, 발전하고, 제구실을 할 수 있으니 행복해진다.

공자께서는 말씀하셨다.

_{학 이 시 습 지　　불 역 열 호}
學而時習之면 不亦說乎아.*

"배우고 그것을 제때로 익히면 기쁘지 아니한가."

------

* 『論語』「學而」 1.

_{인 부 지 이 불 온} _{불 역 군 자 호}
人不知而不慍이면 **不亦君子乎**아.*

"남이 알아주지 않아도 노여워하지 아니하니 또한 군자답지 아니한가."

사람으로서 중심이 흔들리지 않는 가치관을 정립定立하게 하는 말씀이다.

또 말씀하시기를,

_{오 상 종 일 불 식}　_{종 야 불 침}　_{이 사}　_{무 익}　_{불 여 학 야}
吾嘗終日不食하고 **終夜不寢**하며 **以思**나 **無益**이라 **不如學也**로다.**

"내 일찍이 종일토록 먹지 않으며 밤새도록 잠을 자지 않으면서 생각하니 유익함이 없었다. 배우는 것만 같지 못하였다."

라고 하셨다. 공자께서는 제자들이,

_{하 기 다 능 야}
何其多能也오.***

---

* 『論語』「學而」1.
** 『論語』「衛靈公」30.
*** 『論語』「子罕」6.

"어쩌면 그리도 능한 것이 많으신지요."

라고 여쭙자,

<u>오 소 야 천</u>　　　<u>고</u>　<u>다 능 비 사</u>
吾小也賤이라 **故**로 **多能鄙事**하니라.*

"나는 젊었을 적에 미천했기 때문에 비천한 일에 능함이 많았다."

<u>아 비 생 이 지 지 자</u>　　<u>호 고 민 이 구 지 자 야</u>
我非生而知之者라 **好古敏以求之者也**로다.**

"나는 나면서부터 안 자가 아니다. 옛것을 좋아하여 부지런히 그것을 구한 자이다."

<u>십 실 지 읍</u>　　<u>필 유 충 신 여 구 자 언</u>　　　　<u>불 여 구 지 호 학 야</u>
十室之邑에 **必有忠信如丘者焉**이어니와 **不如丘之好學也**니라.***

"10호쯤 되는 조그만 마을에도 반드시 구(공자)처럼 충신한 자는 있지만, 구(공자)만큼 배우는 것을 좋아하지는 않을

---

* 『論語』 「子罕」 6.
** 『論語』 「述而」 19.
*** 『論語』 「公冶長」 27.

것이다."

지 지 자 불 여 호 지 자　　호 지 자 불 여 락 지 자
知之者不如好之者요 好之者不如樂之者니라.＊

"아는 것은 좋아하는 것만 못하고, 좋아하는 것은 즐기는 것만 못하다."

라고 하셨다.

공자께서는 비천한 환경에서 자라면서도 현실을 긍정적으로 극복하면서 학문을 게을리하지 않고 기쁘고 즐거운 마음으로 사셨으므로 성현聖賢에 이르신 것이다.

＊『論語』「雍也」 18.

함께 착하게 살자

莊子曰 於我善者도 我亦善之하고 於我惡者도 我亦善之니라.
_{장자왈 어아선자   아역선지   어아악자   아역선지}

我旣於人에 無惡이면 人能於我에 無惡哉인저.[*]
_{아기어인   무악   인능어아   무악재}

    장자께서 말씀하시길,

    "나에게 선하게 하는 사람에게는 나 또한 선하게 하고, 나에게 악하게 하는 사람에게도 나는 역시 선하게 할 것이다. 내가 이미 남에게 악하게 함이 없으면 남도 나에게 악하게 함이 없을 것이다."

---

*『明心寶鑑』「繼善」

漢昭烈이 將終에 勅後主曰 勿以善小而不爲하고 勿以惡小
而爲之하라.*

    한나라 소열 황제(劉邦)가 장차 임종하려 하면서 다음 황제(아들 劉禪을 말함)에게 조칙을 내려 말하였다.
    "선이 작다고 해서 하지 아니하지 말며, 악이 작다고 해서 그것을 하지 말라."

  이러한 순수하고 천사같이 착한 사람들만 있다면 세상은 온통 평화스러움만 가득할 것이다.
  그러나 혹자는 욕심이 지나치고, 혹자는 내 목적을 위해서는 선악을 가리지 않는다.
  순수하고 천사같이 착한 사람들은 이 어지럽혀지는 세상을 어찌해야 할까요?

---

* 『明心寶鑑』「繼善」

옥을 품은 사람

피갈회옥被褐懷玉*이란 말이 있어요.

겉에는 허름한 옷을 입었으나 속에는 옥을 지녔다는 뜻으로, 지덕知德을 갖춘 사람이 세상에 알려지려고 하지 아니함을 비유적으로 이르는 말이지요.

허술한 차림새지만 주옥같은 보물을 지닌 사람이라는 의미입니다.

겉보기에는 초라하고 남루한 노장老丈일지 모르나, 인성이나 지식이나 행동거지가 옥같이 고귀한 사람이란 뜻이지요.

---

* 『道德經』 70.

인간 세상의 귀재鬼才라고 말하기도 해요.

이런 사람 멋있지 않습니까?

공자님 말씀처럼 "남이 알아주지 않아도 노여워하지 아니하면 이 또한 군자답지 않겠습니까*?"

요즘 세상에 겉보기만 화려하고 가진 것도 아는 것도 인품마저도 변변치 않으면서 내보이기만 좋아하는, 오히려 보는 눈이 부끄러운 겉치레만 번드르르한 인물들!

이런 사람은 근간根幹에 무엇을 품고 있을까요?

아마 그런 사람도 손가락에는 틀림없이 옥가락지를 끼고 있겠지요!

---

* 『論語』「學而」1, 人不知而不慍 不亦君子乎.

아는 사람은 말이 없다

知_지者_자不_불言_언하고 言_언者_자不_부知_지니라.*

아는 사람은 말이 없고, 말하는 사람은 알지 못한다.

'말이 없다'란 말수가 적다, 많다라는 의미로 풀이하는 것이 좋을 듯하다.

우리나라 속담 중에 '빈 수레가 요란하다[空車多聲]'가 있다.

수레가 비어 있을수록 굴러갈 때 덜컹거리는 소리가 크듯, 능력이나 지식이 부족한 사람이 오히려 더 과장되게 행동하는 경우

---

*『道德經』56.

를 빗댄 표현이다.

아는 것도 없으면서 말만 많다, 이런 뜻이다.

때로는 듣는 이의 수준이 낮아서 이해시키기 위해 많은 말을 할 필요가 있을 수도 있겠지만, 웬만큼만 말해도 될 것을 자기 과시를 위해 요점 없는 군말이 많다는 것을 탓하는 것이다.

> _{다 언 삭 궁} _{불 여 수 중}
> **多言數窮**하니 **不如守中**이라.*
>
> 말이 많으면 자주 막히게 되니, 마음속에 가지고 있는 것만 못하다.

직장에서 상사에게 결재받을 때 필요 이상의 서론이 긴 사람이 있다. 바쁜 상사가 듣고 있다가,

"결론만 말해요."

하고 핀잔한다. 점수 좀 따려다가 되려 감점의 대상이 되고 만다. 보고하는 말도 요점 정리, 즉 간단명료가 반드시 필요하다.

상사는 경험과 식견이 많으므로 '좌견천리坐見千里', 앉아서도 천 리를 보니까!

이른바 높은 사람 또는 아는 사람은 느껴서 아는 힘, 즉 감지

---

* 『道德經』 5.

력感知力이 뛰어나다고 봐야 한다. 기상 변화를 미리 알아채는 동물의 감지력과 같이 아는 자는 온몸으로 익혀진 감지력이 있는 것이다. 이것이 진짜로 아는 사람이며, 굳이 말이 많을 필요가 없는 이유이다.

이렇게 아는 사람이 빈말만 많은 사람을 볼 때 우스꽝스럽고 한편으로는 가엾은 생각이 드는 것이다.

실實은 없고 허虛만 많은 말이 많으면 오히려 사람 가치가 떨어진다는 것을 알아야 한다.

아는 사람이 말수가 적어 때로는 말 많은 사람보다 얼핏 낮은 평가를 받는다고 생각할 수도 있지만, 진가眞價는 과연 누구에게 있을까?

진가는 진가 있는 사람만이 알아본다.
사회생활 중 처신에 참고할 필요가 있다.

아는 체하는 것은 병폐다

知不知는 上이요 不知知는 病이다.^{지부지 상 부지지 병}*

> 알면서도 아는 티를 안 내는 것은 훌륭하지만,
> 알지도 못하면서 아는 체하는 것은 병폐다.

알면서 아는 티를 안 내는 지식인은 겸손한 교양인이며 그럴 싸한 사람이다.

그러나 잘 알지도 못하는 사람이 아는 척하는 것은 교만이며, 속임수에 불과하다. 더욱이 검증도 안 된 정보를 가지고 아는 체

---

*『道德經』71.

한다면 남에게 혼선混線을 주는 것이므로 몹시 적절치 못한 처세이다.

_{자왈 유   회여지지호   지지위지지   부지위부지   시지}
子曰 由아 誨女知之乎인저. 知之爲知之요 不知爲不知 是知
_야
也니라.*

   공자께서 말씀하시길,
   "유**야, 너에게 '안다'는 것을 가르쳐 주겠다. 아는 것을 안다고 하고, 모르는 것을 모른다고 하는 것, 이것이 곧 아는 것이다."

이렇듯 진솔하게 밝히는 사람이 잘 아는 사람의 태도다.

---

* 『論語』「爲政」17.
** 공자의 제자 仲由.

배려는 공생이다

天地所以能長且久者는 **以其不自生**이라. **故**로 **能長生**이니라.*
_{천지소이능장차구자}   _{이기부자생}   _고   _{능장생}

　　천지가 장구할 수 있는 까닭은 그 자신만 살려고 하지 않기 때문이다. 그런 까닭에 장생할 수 있다.

　이것은 자기 자신만 생각하지 않고 남을 배려하는 바가 있기 때문이다. 성숙한 사람은 :

---

*『道德經』7.

後其身하되 而身先하고 外其身하되 而身存이니 非以其無私耶아. 故로 能成其私니라.*

    자신을 뒤로하되 그 몸은 앞서게 되고, 자신을 제외하되 그 몸은 있게 되니, 그것은 사사로움을 버림으로써가 아니겠는가.

    그런 까닭에 자신의 사사로움도 이룰 수 있다.

자신만을 생각하기보다 남을 아끼고 배려한다면 오히려 자신이 귀한 존재가 된다는 말이다.

---

*『道德經』7.

굽혀짐의 이치

_{곡 즉 전} _{왕 즉 직}
曲則全하고 **枉則直**하다.*

    굽혀지면 온전하고, 휘어지면 펴진다.

    부드러우면 굽혀지기도 하고 다시 복원도 되지만, 강하면 부러질 뿐이다.

_{와 즉 영} _{폐 즉 신}
窪則盈하고 **敝則新**한다.**

---

* 『道德經』22.
** 上同

패이면 채워지고 낡으면 새로워진다.

옛것과 새것, 신구新舊의 순환을 말하고 있다.

少則得_{소즉득}하고 多則惑_{다즉혹}하니라.*

적으면 얻어지고, 많으면 미혹해진다.

굴곡의 요철凹凸에 평형성이 따라오는 것을 말하고 있다.

不自見_{부자현}이라 故_고로 明_명하고,

不自是_{부자시}라 故_고로 彰_창하며

不自伐_{부자벌}이라 故_고로 有功_{유공}하고

不自矜_{부자긍}이라 故_고로 長_장이니라.

夫唯不爭_{부유부쟁}이라

故_고로 天下莫能與之爭_{천하막능여지쟁}이니라.

---

* 『道德經』 22.

古之所謂曲則全者는 豈虛言哉리오.
_{고지소위곡즉전자   기허언재}

誠全而歸之니라.*
_{성전이귀지}

스스로 나타내지 않으므로 밝게 되고,

스스로 옳다고 하지 않으므로 드러나며

스스로 자랑하지 않으므로 공功이 되고,

스스로가 교만하지 않으므로 오래간다.

오직 다투지 않으므로 누구와 더불어 다툴 수 없다.

예부터 굽혀지면 온전하다고 말하는 것이 어찌 빈말이겠는가?

진실로 온전하게 그것으로 돌아가게 된다.

우리는 살면서 스스로 생각과 태도를 반성해 봄 직하다.

---

*『道德經』22.

양 갈래 길

잘 가는 수레는 바퀴 자국이 없고[善行無轍迹]*
잘못 가는 수레는 바퀴 자국이 크다고 한다.

잘 고쳐진 상처는 흔적이 없지만
잘못 고쳐진 상처는 자국이 남는다.

잘 싸운 다툼은 응어리가 없지만
잘못 싸운 다툼은 남은 원한이 있다.

잘 흘러간 추억은 아름답지만
잘못 흘러간 추억은 크나큰 맺힘이 있다.

잘 사귄 친구는 다정하지만
잘못 사귄 친구는 '웬수'가 된다.

---

*『道德經』27.

〉
이뿐만 아닌,
이러한 갈래 길은 내가 택하며 살고 있기에
대조적인 결과는 지나고 봐야 알게 되니
첫 발길에도 현명한 판단이 있어야겠다.

분별력 좀 기르자

일찍이 맹자께서는 이런 말씀을 하셨다.

_{맹 자 왈   금 유 무 명 지 지 굴 이 불 신   비 질 통 해 사 야}
孟子曰 今有無名之指屈而不信이면 **非疾痛害事也**이언마는

_{여 유 능 신 지 자 즉   불 원 진 초 지 로   위 지 지 불 약 인 야}
如有能信之者則 不遠秦楚之路하나니 **爲指之不若人也**니라.

_{지 불 약 인 즉 지 오 지   심 불 약 인 즉 부 지 오}
指不若人則知惡之하되 **心不若人則不知惡**하나니

_{차 지 위 부 지 류 야}
此之謂不知類也니라.*

---

* 『孟子』「告子」上 12.

지금 무명지가 구부러져서 펴지지 않는 것이 있다면 아프거나 일을 해치는 것은 아니지만 만약 이것을 펴 줄 수 있는 사람이 있다면 진나라나 초나라까지의 길을 멀다 하지 아니하니, 손가락이 남들과 같지 않기 때문이다.

손가락이 남들과 같지 않으면 그것을 싫어할 줄 알지만, 마음이 남들과 같지 않으면 그것을 싫어할 줄 모르니 이것을 일러 유類를 알지 못한다고 하는 것이다.

아프지도 않고 쓰는 데도 지장 없는 구부러진 무명지를 펴 주는 의사가 있다면 불원천리 어디까지라도 가지만, 가장 중요한 마음이 삐뚤어져 정상적이 아닌 경우에도 바로잡을 줄 모르니 이를 분별력[類]이 없는 사람이라고 말하는 것이다.

말의 신표信標

사람은 말로 흥하기도 하고 말로 망치기도 한다.

말을 유효 적절하게 잘 쓰면 복이 되어 흥할 수 있지만, 반대로 입과 혀를 잘못 놀리면 망칠 수도 있는 것이다.

君平曰 口舌者는 禍患之門이요 滅身之斧也니라.*
_{군 평 왈   구 설 자   화 환 지 문   멸 신 지 부 야}

군평이 말하였다.

"입과 혀는 재앙과 환난의 문이요, 몸을 망치는 도끼이다."

---

* 『明心寶鑑』「言語」.

<small>유 회 왈　언 부 중 리　　　불 여 불 언</small>
劉會曰 言不中理면 不如不言이니라.*

유회가 말하였다.

"말이 이치에 맞지 않으면 말하지 않느니만 못하다."

<small>일 언 부 중　　　천 어 무 용</small>
一言不中이면 千語無用이니라.**

한마디 말이 맞지 않으면 천 마디 말이 쓸 데가 없다.

또한 말을 듣는 사람도 그 말의 핵심 요지가 무엇인가를 찾아 잘 알아들어야 하는데, 상황을 잘 알지 못하는 사람이 잘못 알아들으면 반대되는 뜻으로 오해하는 수도 있으므로 하는 말 이상으로 중요한 것이 듣는 것이다.

그렇기 때문에 정언약반正言若反이라고 말하는 바와 같이, 바른말은 반대인 것같이 들린다고 말하는 것이다.

겉으로 드러난 말의 표면적 해석보다 그 행간을 읽는 깊은 통찰이 필요함을 시사하는 말이다.

---

* 『明心寶鑑』「言語」
** 上同.

유익한 벗, 해로운 벗

살아가면서 나에게 다정하고 유익한 벗이 있는 것은 참으로 보배로운 일이다.

그러나 벗이라고 하여 모두 유익한 것은 아니다.

벗의 관계란 나만의 것도, 너만의 것도 아니다.

공통共通되고, 공생共生하는 사이이다.

사람은 각기 특성이 다르므로 벗이라 할지라도 관점이 일치되기도 하지만 다를 수도 있다.

그 특성, 즉 유익한 점과 해로운 점을 파악하고 격에 맞춰서 우정을 쌓는 것이 좋을 것이다.

孔子曰 益者三友요 損者三友니, 友直하며 友諒하며 友多聞이면 益矣요 友便辟하며 友善柔하며 友便佞이면 損矣니라.*

공자께서 말씀하셨다.

"유익한 벗이 셋이고 해로운 벗이 셋이다.

벗이 정직하고, 신의가 있으며, 견문이 많으면 유익하다.

벗이 외모에만 허식적이고, 아첨하며, 빈말을 잘하면 해롭다."

---

* 『論語』「季氏」

유익한 즐거움

즐거움이란 인간 삶의 최고의 경지이다.

즐길 때 즐길 줄 아는 것이 바람직하지만, 절제 없이 무질서하게 오직 즐기기만 힘쓴다면 해로울 수밖에 없다.

일하는 것과 즐기는 것의 균형 조절을 잘하는 것이 현명하고 보람되게 삶을 영위하는 방법일 것이다.

<ruby>孔子曰<rt>공자왈</rt></ruby> <ruby>益者<rt>익자</rt></ruby>가 <ruby>三樂<rt>삼요</rt></ruby>요 <ruby>損者<rt>손자</rt></ruby>가 <ruby>三樂<rt>삼요</rt></ruby>이니,

<ruby>樂節禮樂<rt>요절예악</rt></ruby>하며 <ruby>樂道人之善<rt>요도인지선</rt></ruby>하며 <ruby>樂多賢友<rt>요다현우</rt></ruby>면 <ruby>益矣<rt>익의</rt></ruby>요,

樂_{요교락}驕樂하며 樂_{요일유}佚遊하며 樂_{요연락}宴樂이면 損_{손의}矣니라.*

공자께서 말씀하셨다.

"유익한 즐거움이 세 가지 있고, 해로운 즐거움이 세 가지 있다.

예악을 절도 있게 하기를 좋아하고,

남의 좋은 점 말하기를 좋아하며,

어진 벗 많은 것을 좋아하면 유익하다.

교만하고 방탕하기를 좋아하며,

편하게 놀기만을 좋아하고,

잔치 벌이기를 좋아하면 해롭다."

※ 樂은 뜻에 따라 발음을 달리한다.
　노래 악 | 즐길 락(낙) | 좋아할 요

---

*『論語』「季氏」 5.

꾸짖음과 용서하는 마음

_{경행록운 책인자 불전교 자서자 불개과}
景行錄云 責人者는 不全交요 自恕者는 不改過니라.*

경행록에서 이른다.

"남을 꾸짖는 자는 남과 사귐이 온전하지 못하고,

자기를 용서하는 자는 허물을 고치지 못한다."

책인즉명責人則明, '남 탓하는 것에 밝다'는 뜻으로, 제 잘못은 생각하지 않고 남의 잘못만 나무라는 사람들이 있다.

자기 허물은 스스로 가볍게 넘겨 버리면서 남의 허물 들춰 내

---

*『明心寶鑑』「存心」

기만 좋아한다면 자신의 허물을 고치는 자가 되지 못할 것이다.

그러므로 자기 스스로 반성하고 꾸짖어 허물을 두 번 다시 저지르지 않겠다는 다짐을 해야 한다.

_{이 책 인 지 심} _{책 기 즉 과 과} _{이 서 기 지 심} _{서 인 즉 전 교}
以責人之心으로 **責己則寡過**요 **以恕己之心**으로 **恕人則全交**니라.*

남을 책하는 마음으로써 자기를 책한다면 허물이 적을 것이며, 자기를 용서하는 마음으로 남을 용서한다면 남과 사귐이 온전할 수 있을 것이다.

범충선范忠宣 공公은 제자와 아우들에게 이렇게 일렀다.

_{인 수 지 우} _{책 인 즉 명} _{수 유 총 명} _{서 기 즉 혼} _{이 조}
人雖至愚나 **責人則明**하고 **雖有聰明**이나 **恕己則昏**이니 **爾曹**
_{단 상 이 책 인 지 심} _{책 기} _{서 기 지 심} _{서 인} _{즉 불}
는 **但常以責人之心**으로 **責己**하고 **恕己之心**으로 **恕人**이면 **則不**
_{환 부 도 성 현 지 위 야}
患不到 聖賢地位也니라.**

---

* 『明心寶鑑』「存心」
** 上同.

"사람이 지극히 어리석을지라도 남을 책하는 데는 밝고, 비록 총명함이 있으나 자기를 용서하는 데는 어두우니, 너희는 다만 항상 남을 책하는 마음으로써 자기를 책하고, 자기를 용서하는 마음으로써 남을 용서한다면 성현의 경지에 이르지 못함을 근심할 것이 없다."

평범치 않은 즐거움의 회초리

既^기取^취非^비常^상樂^락이어든 須^수防^방不^불測^측優^우니라.*

"이미 평범하지 않은 즐거움을 취했거든 모름지기 헤아릴 수 없는 근심을 막아야 할 것이다."

평상시 살아가는 테두리를 벗어나면 돌출된 환란이 올 수 있으므로 막아야 하며, 될 수 있는 한 자제하면서 보편적인 일상으로 걸어가는 것이 무난하다는 말씀!

---

* 『明心寶鑑』 「省心」

^{천도} ^{무친} ^{상여선인}
天道는 無親하여 常與善人이니라.＊

하늘의 도는 친애함이 없어서 항상 착한 사람과 함께한다.

하늘의 도는 누구에게나 편파적이지 않아서 공정하면서도 늘 착한 사람과 함께한다는 말씀이다.

^{장자왈}
莊子曰

^{약인작불선} ^{득현명자} ^{인수불해} ^{천필육지}
若人作不善하여 得顯名者는 人雖不害나 天必戮之니라.＊＊

장자께서 말씀하셨다.

"만일 사람이 선하지 않은 일을 해서 훌륭한 이름을 얻은 자는 사람들이 비록 해치지 않더라도 하늘이 반드시 죽일 것이다."

^{전식자} ^{도지화} ^{이우지시}
前識者는 道之華면 而愚之始니라.＊＊＊

"먼저 알아야 하는 것은, 도가 영화스러우면 그것이 어리

＊『道德經』79.
＊＊『明心寶鑑』「順命」
＊＊＊『道德經』38.

석음의 시작이다."

너무 돌출된 짓을 자제하며, 평범 속에 진리가 있다는 것을 마음속에 깊이 경계하면서 처신해야 할 말씀들이다.

신언信言, 선자善者, 지자知者

信_{신언}言은 不_{불미}美하고 美_{미언}言은 不_{불신}信하니라.*

　　미더운 말은 아름답지만은 않고,
　　아름다운 말이 미더운 것만은 아니다.

　사람의 말은 믿음이 있어야 한다. 미더움과 진실됨이 없다면 참사람이라 할 수 있겠는가?
　　그리고 참된 말이라고 아름답게만 들려주는 것은 아니다.

---

* 『道德經』 81.

<small>선자 　 불변 　 변자 　 불선</small>
善者는 不辯하고 辯者는 不善하니라.[*]

　착한 사람이 말을 잘하는 것만은 아니고,
　말 잘하는 사람이 착한 것만은 아니다.

　참으로 착한 사람은 말과 행동이 일치하는 언행일치言行一致의 진실함을 보여 주는 사람이다.

<small>지자 　 부박 　 박자 　 부지</small>
知者는 不博하고 博者는 不知하니라.^{**}

　안다고 하는 사람이 박식한 것만은 아니고,
　박식한 사람이 다 아는 것만은 아니다.

　박식하다고 하여 세상만사를 모두 아는 것은 아니다.
　나와 관련된 주위, 자신에게 필요한 지식을 온전히 갖추고 있는 사람을 잘 아는 사람[知者]이라고 말할 수 있겠다.

---

* 『道德經』 81.
** 上同.

분수에 맞춰 살자

企^기者^자不^불立^립하고 跨^과者^자不^불行^행이다.*

발돋움한 자는 서지 못하고,
다리를 벌린 자는 걷지 못한다.

발돋움은 멀리 바라보기 위함이며, 다리를 벌린 것은 넓게 많이 차지하기 위한 의식意識이다.

눈을 얼굴 상부에 둔 것은 그 높이만큼만 바라봐도 된다는 뜻이고, 다리가 벌어지는 한계는 그만큼만 주위를 확보하라는 뜻이다.

---

* 『道德經』 24.

이 두 말의 상징적 의미는 지나친 허욕을 삼가라는 뜻이다.

넘어질 만큼 먼 곳을 바라보고, 걷지 못할 만큼 벌리며 차지하는 것이 과연 바람직할까?

오늘날 경쟁적 원리로 말할 수는 있겠으나 실패 없이 내 본분과 능력과 가능성이 보이는 것까지만 바라보고, 걸을 만큼만 확보하면서 산다면 분수를 따라 사는 큰 의미를 상징하는 표현 아닐까!

自見者는 不明하고 自是者는 不彰하며 自伐者는 無功하고
自矜者는 不長이니라.*

> 스스로 나타내려는 자는 밝지 못하고
> 스스로 옳다고 하는 자는 드러나지 못하며
> 스스로 자랑하는 자는 공이 없어지고
> 스스로 교만한 자는 오래 못 간다.

禍莫大於不知足하고 咎莫大於欲得이니라. 故로 知足之足이

---

*『道德經』24.

면 常 足 矣니라.*

> 재앙은 족함을 알지 못하는 것보다 큰 것이 없고,
>
> 허물은 얻고자 욕심부리는 것보다 큰 것이 없다.
>
> 따라서 족함을 알아서 만족하면 항상 만족한 것이다.

知足者는 富하다.**

> 족함을 아는 자는 부자다.

故로 有道者는 不處니라.***

> 그러므로 도가 있는 사람은 그렇게 하지 않는다.
>
> (서지도 걷지도 못할 만큼 허욕을 부리지 않는다.)

---

* 『道德經』 46.
** 『道德經』 33.
*** 『道德經』 24.

사과는 최선의 처세술이다

　사회생활을 하다가 허물이 발생하였을 경우 가장 현명한 처세술은 빨리 사과하는 것이다.
　사과하지 않는 것은 잘못된 판단이다.
　『도덕경』에 이런 말이 있다.

　　善言은 無瑕謫한다.*
　　　(선언)　(무하적)

　　　잘하는 말은 허물을 꾸짖지 않는다.

---
*『道德經』 27.

허물을 발견한 곳은 다른 곳일지라도 근거만큼은 허물을 발생시킨 사람이며, 먼저 알고 있는 사람이다.

허물은 자기가 스스로 고쳐야지, 꾸짖음을 받고 고치는 것은 이미 한발 늦은 것이며, 좋은 처세술이 아니다.

먼저 진솔하게 사과하고 알리는 것이다.

이렇게 하면 용서하지 않으려고 하다가도 용서하지 않을 수 없게 되는 것이 인간의 인지상정人之常情이다.

가장 가볍게 허물을 해결할 수 있는 방법이다.

오히려 신임하고 환영받을 수도 있다.

그러지 않고 만약 허물을 감추려 든다거나, 인정하지 않고 사과하지 않는다면 결국은 큰 홍역을 치르고 때로는 관계가 단절되면서 망조亡兆에 이를 수도 있다.

큰 거래처를 상대할 경우 이 때문에 배상책임까지 받게 된다면 타격이 커진다. 진실과 정직에 관련된 문제이므로 신뢰도가 떨어지면 지속될 수 없는 관계로 돌변되기 때문이다.

가정에서나 사회에서도 똑같은 사례가 발생할 수 있다.

이런 사람은 인정받지 못한다.

허물을 고치기보다 거짓과 변명으로 대신하기 때문에 더 관계를 지속할 명분이 없게 되기 때문이다.

<small>자왈 과이불개　　시위과의</small>
子曰 過而不改가 是謂過矣니라.*

공자께서 말씀하셨다.

"허물이 있어도 고치지 않는 것, 이것이 진짜 허물이다."

사람이 어찌 허물이 전혀 없을 수 있겠는가.
또 주해에 이렇게 덧붙이셨다.

<small>과 이 능 개　　즉 복 어 무 과　　유 불 개　　즉 기 과 수 성　　　이 장</small>
過而能改면　則復於無過라. 唯不改면　則其過遂成하여　而將
<small>불 급 개 의</small>
不及改矣리라.**

　허물을 능히 고친다면 허물이 없는 데로 돌아갈 수 있다.
　오직 허물을 고치지 않는다면 마침내 그 허물이 크게 이루어져 장차는 고치지 못하는 데까지 미칠 것이다.

그러므로 밝게 살면서 미래를 바라본다면 빨리 사과하는 것이 가장 현명한 처세술이란 점을 알아야 한다.

---

* 『論語』「衛靈公」 29.
** 上同.

함께 달성하자

夫仁者는 己欲立而立人하며 己欲達而達人이니라.*
<small>부인자　기욕립이립인　　기욕달이달인</small>

자공子貢이 말하였다.

"대저 어진 사람은 자기가 서고자 하면 남도 서게 하며, 자기가 달성하고자 하면 남도 달성하게 한다."

■ 주석

정자程子는 이렇게 풀이하고 있다.

"의서醫書에 손발이 마비된 것을 불인不仁이라 하니(사람을

---

*『論語』「雍也」28.

고치는 의술을 仁術이라고 한다), 인자仁者는 천지와 만물을 한 몸으로 여기니 자기 아닌 것이 없다. 만약 자신에게 소속시키지 않으면 저절로 자기와는 서로 관련되지 않은 것이 되니, 마치 손발이 마비되면 기氣가 이미 관통하지 않아서 모두 자신에게 소속되지 않는 것과 같다."

근간에 개인주의가 만연하여 작은 단체 간에도 협력과 화합의식이 희박해지고 결여되어 가는 점은 참으로 염려스럽다.
이러한 상황은 수족이 마비되는 것과 같아서 불통不通이 심해질 수밖에 없게 된다.

세상은 혼자서는 살 수가 없다. 그러므로 서로 적대시하지 말고 배려하고, 상대방의 입장을 고려하며 존중하고, 조금만 더 이해하고 때로는 타협하고 수용해서 화합하는 자세가 필요하다.
자기가 서고자 하는 바를 나도 서고 또 남도 서게 하며, 자기가 이루고자 하는 바를 나도 이루고 또 남도 이루도록 한다면 바람직할 것이다.
때에 따라 진지한 토론은 바람직하지만, 이견의 쟁점이 있어선 아니 된다. 토론을 통하여 모두가 이견이 없도록 조정해 간다면 즐겁고 보람된 행복한 사회가 만들어지리라고 믿는다.

분수를 편안히 하자

<small>경행록왈 지족가락   무탐즉우</small>
景行錄曰 知足可樂이요 務貪則憂니라.[*]

『경행록』에서 말하기를,

"족함을 알면 즐거울 수 있고, 탐욕에 힘쓰면 근심하게 된다."

<small>지족자   빈천   역락   부지족자   부귀   역우</small>
知足者는 貧賤도 亦樂이요 不知足者는 富貴도 亦憂니라.^{**}

---

* 『明心寶鑑』「安分」
** 上同

족함을 아는 자는 가난하고 천하여도 또한 즐겁고, 족함을 알지 못하는 자는 부하고 귀하여도 또한 근심한다.

濫想徒傷神이요 妄動은 反致禍니라.[*]
<small>남상도상신　　망동　반치화</small>

지나친 생각은 한갓 정신을 상하게 할 뿐이요,
망녕된 행동은 도리어 재앙을 부른다.

知足常足이면 終身不辱하고 知止常止면 終身無恥니라.[**]
<small>지족상족　　종신불욕　　지지상지　　종신무치</small>

족함을 알아 항상 만족하면 종신토록 욕되지 아니하고,
그칠 줄을 알아 항상 그치면 종신토록 부끄러움이 없다.

물질적 만족은 평생 아무리 많이 채워도 끝내 채워지지 않는다.
이제 더 이상 물질적 족함을 좇지 말고 모든 탐욕을 내려놓고 마음 수양으로 족함을 찾아야 한다.
욕심이 생기더라도[見物生心] 떨구어 버리고 그칠 줄 아는 것[知止]이 좋다.

---

* 『明心寶鑑』「安分」
** 上同.

늙어 가는 길엔 정신 수양이 제일이다.

겸하여 몸 건강 단련에 힘쓴다면 금상첨화錦上添花가 아닐는지.

송나라 안분시安分詩에,

安分吟曰 安分身無辱이요 知幾心自閑이라
(안분음왈 안분신무욕   지기심자한)

雖居人世上이나 却是出人間이니라.*
(수거인세상   각시출인간)

> 분수가 편안하면 몸이 욕됨이 없고
> 낌새를 알면 마음이 저절로 한가하다.
> 비록 인간 세상에서 살고 있으나
> 도리어 인간 세상에서 벗어난 것이다.

라고 하였다.

---

* 『明心寶鑑』「安分」

사귐의 진실

사회생활에 있어서 사귐은 매우 중요한 덕목이다.

좋은 사귐은 큰 도움이 되지만, 잘못 사귐은 장애가 된다. 사귐에는 항상 진실과 믿음과 의리가 수반되어야 한다. 남의 말을 쉽게 믿어 버리거나 마음을 쉽게 풀어 버리는 것도 아니 된다.

그렇다고 편협적이어서도 안 된다. 요컨대 인간관계의 능숙한 처세술이 길러져야만 하는 것이다.

子曰 衆이 好之라도 必察焉하며 衆이 惡之라도 必察焉이니라.*

---

*『明心寶鑑』「正己」

공자님이 말씀하셨다.

"여러 사람이 좋아하더라도 반드시 살펴보아야 하며, 여러 사람이 미워하더라도 반드시 살펴보아야 한다."

路遙知馬力이요 日久見人心이니라.^{노요지마력 일구견인심}*

길이 멀어야 말[馬]의 힘을 알고,

날이 오래 지나서야 사람의 마음을 볼 수 있다.

萬事從寬이면 其福自厚니라.^{만사종관 기복자후}**

모든 일에 너그러움이 따르면 그 복이 저절로 두터워진다.

강절소 선생은 다음과 같이 말하였다.

道吾善者는 是吾賊이요 道吾惡者는 是吾師니라.^{도오선자 시오적 도오악자 시오사}***

나의 선한 점을 말하는 자는 나의 도적이요,

---

* 『明心寶鑑』「交友」
** 『明心寶鑑』「正己」
*** 上同.

나의 나쁜 점을 말하는 자는 나의 스승이다.

나의 단점을 지적해 줌으로써 개선하게 해 줄 수 있는 자야말로 가식 없는 진정한 사귐을 길게 할 수 있는 자이다. 그래서 스승이라 말하는 것이다. 또한 받아들일 수 있는 너그러움이 있다면 얼마나 좋겠는가!

증자曾子는 또 이렇게 말하였다.

若要人重我인댄 **無過我重人**이니라.*
_{약 요 인 중 아   무 과 아 중 인}

> 만약 남이 나를 중하게 여겨 주기를 바란다면, 내가 남을 중히 여기는 것보다 더 지나친(나은) 것은 없다.

다시 공자가 이르셨다.

晏平仲은 **善與人交**로다 **久而敬之**오녀.**
_{안 평 중   선 여 인 교   구 이 경 지}

> 안평중은 사람과 더불어 사귀기를 잘하는구나. 오래되어도 공경하는구나!

---

* 『明心寶鑑』「遵禮」
** 『論語』「公冶」, 『明心寶鑑』「交友」

사람의 사귐은 상대적이어서 내가 먼저 그를 중하게 여겨 줄 때 그도 나를 중하게 여기게 되는 법이니, 사귐이 오래되었을지라도 함부로 대하지 말고 인격적으로 서로 공경할 때 우정도 지속할 수 있다.

순간을 잘 견뎌라

_{표 풍}　　_{불 종 조}　　_{취 우}　_{불 종 일}
飄風은 **不終朝**하고 **驟雨**는 **不終日**이라.*

　　회오리바람은 한 아침을 넘기지 못하고
　　소낙비는 날을 넘기지 못한다.

　이 말씀은 아무리 갑자기 휘몰아치는 거센 회오리바람이 분다해도 한 아침결이면 사라지고, 아무리 긴박하고 거센 소낙비가 무섭게 쏟아지더라도 온종일 쏟아지지 않고 물러간다는 것이다.
　평생을 살다 보면 생각지도 못한 환란患亂이 바로 눈앞에 닥칠

―――――――――――
*『道德經』23.

수도 있다.

  누가 이 긴박함을 해결해 주겠는가!

  낙담만 하지 말고 순발력 있게 판단하여 현명하게 대처하고, 오직 의지와 인내로 모면해야 할 뿐이다.

  사노라면 나에게 실망만 있는 것은 아니다. 누구에게나 밝은 태양 빛이 있는 것처럼 서광曙光이 있을 것이다.

  순간은 괴롭지만, 그 시간을 견디면 사실은 짧은 순간에 지나지 않는다.

  필자는 병상에서 내가 번역한 『도덕경』 한 권을 챙겨 놓고 이 문장을 되새기면서 주문呪文 외듯이 마음속으로 노래 불렀다.

  어느덧 병도 시간과 더불어 치유되어 가고 점점 회복되어 이 상태에 이르렀다.

  왠지 문득 글이 쓰고 싶어 펜을 잡았으나 몸에 밴 일이 아니어서 부끄러울 뿐이다.

  다만 필서筆書만 대할지라도 병상에 있던 기간에 비하면 온 세상이 아름답고 꿈만 같다.

  모두 감사할 따름이다.

일의 해결은 우선순위로

_{사유종시} _{지소선후} _{즉근도의}
事有終始하니 知所先後면 則近道矣니라.*

일에는 마침과 시작이 있으니, 먼저 하고 뒤에 할 것을 알면 도에 가까운 것이다.

이 글에서 말하는 '도道'란 어떤 일이든 일의 내용, 방법, 절차 따위의 중요한 줄거리를 알면 그 해결의 실마리(길)를 얻을 수 있음을 말하는 것이다.

---

*『大學』1.

개인에게든 어느 조직이나 단체에든 늘 여러 가지 크고 작은 일이 발생하는데, 그 일을 해결할 때는 제일 먼저 일의 규모와 중요도를 파악하여 차례를 정한 뒤 순서대로 처리하는 것이 바람직하다.

어떤 일을 할 때 무엇을 먼저 해야 하는지, 어떤 순서로 진행해야 좋을지 일머리를 제대로 알고 해야 일도 효율적으로 할 수 있고 최상의 결과를 얻을 수 있다.

관리직에 있는 사람은 특히 일의 선후를 아는 것이 매우 중요하다.

평소의 단순한 느낌으로만 처리할 것이 아니라 실제 데이터를 수집하여 분석하면서 좋은 일은 더 좋아지도록 하고, 나쁜 일은 개선할 수 있도록 반드시 염두에 두고 관리해야 한다.

기업에서는 이 방법을 'ABC 관리'라 하여 활용하고 있다.

앞의 글은 과거에 관리를 양성할 때 가르치던 교재(『대학』)에서도 중요하게 논한 내용이다.

현재의 우리에게도 매우 유용하므로 마음에 새겨 두면 좋겠다.

분할수록 마음을 다스려라

_{인 일 시 지 분}　　　_{면 백 일 지 우}
忍一時之忿이면 **免百日之憂**니라.*

    한때의 분함을 참으면 백날의 근심을 면할 수 있다.

『경행록』에서 이르는 말이다.
대개 주위의 우매한 사람 때문에 심화心火를 일으킨다.
그러나 수양이 된 인격자라면 민감한 기계처럼 불끈하지 말고 마음을 조용히 누르고 우선은 참는 것이 좋다.

---

*『明心寶鑑』「戒性」

^{우 탁 생 진 노   개 인 이 불 통}
愚濁生嗔努는 皆因理不通이라

^{휴 첨 심 상 화   지 작 이 변 풍}
休添心上火하고 **只作耳邊風**하라.*

> 어리석고 똑똑하지도 못한 자가 성내는 것은
> 다 이치를 통하지 못하기 때문이다.
> 마음 위에 불을 더하지 말고
> 다만 귓전의 바람결로 여겨라.

성내는 사람은 자기 생각만을 잣대로 삼기 때문에 성을 낸다.

이런 사람을 '자기 생각만을 잣대로 삼아 남을 생각하고 살펴서 바른길로 향하게 하는 도덕상의 길'인 혈구지도絜矩之道**가 없는 사람이라 한다.

기준 삼는 잣대 없이 오직 자기만의 생각일 뿐 사리 판단도 못하는 사람의 말이므로 그에 개의치 않아도 된다.

^{불 인 불 계   소 사 성 대}
不忍不戒면 **小事成大**니라.***

---

* 『明心寶鑑』 「戒性」
** 『大學』 10.
*** 『明心寶鑑』 「戒性」

참지도 않고 경계하지도 않으면 작은 일도 크게 된다.

_{악 인} _{매 선 인} _{선 인} _{총 불 대}
惡人이 **罵善人**커든 **善人**은 **摠不對**하라.

_{불 대} _{심 청 한} _{매 자} _{구 열 비}
不對는 **心淸閑**이요 **罵者**는 **口熱沸**니라.

_{정 여 인 타 천} _{환 종 기 신 추}
正如人唾天하여 **還從己身墜**니라.[*]

악한 사람이 선한 사람을 꾸짖거든

선한 사람은 모두 대꾸하지 말라.

대꾸하지 않는 사람은 마음이 맑고 한가하지만,

꾸짖는 사람은 입이 뜨겁게 끓느니라.

마치 사람이 하늘에 침을 뱉으면

도로 자기 몸을 좇아 떨어지는 것과 같다.

_{아 약 피 인 매} _{양 롱 불 분 설}
我若被人罵라도 **佯聾不分說**하라.

_{비 여 화 소 공} _{불 구 자 연 멸}
譬如火燒空하여 **不救自然滅**이라

_{아 심} _{등 허 공} _{총 이 번 순 설}
我心은 **等虛空**이어늘 **摠爾飜脣舌**이니라.^{**}

---

* 『明心寶鑑』 「戒性」
* 上同.

내가 만약 남의 꾸짖음을 당하더라도
귀먹은 체하고 말을 분별하려 들지 마라.
비유하면 불이 허공에서 타는 것과 같아서
끄지 않아도 저절로 꺼지는 것이다.
내 마음은 허공과 같은데
너의 입술과 혀만 나불거릴 뿐이니라.

나를 비방한 사람이지만 상대방을 야멸차게 대하지 않고 온화하게 대하게 되면 훗날 다시 좋게 만날 수 있게 된다.

凡事에 留人情이면 後來에 好相見이니라.[*]
(범사) (유인정) (후래) (호상견)

모든 일에 인정을 남겨 두면
뒷날 서로 좋게 보게 되는 것이다.

그렇지 않고 외면하면 원수도 아닌데 원수같이 되고 마는 것이다.

---

*『明心寶鑑』「戒性」

평생 배움을 권합니다

玉不琢이면 不成器하고 人不學이면 不知道니라.*
(옥불탁)   (불성기)   (인불학)   (부지도)

    옥은 쪼고 다듬지 않으면 그릇이 될 수 없고,
    사람은 배우지 않으면 도를 알지 못한다.

『예기禮記』에 나오는 말이다.
  옥은 좋은 보석이지만 자르고, 갈고, 쪼고, 다듬는 절차탁마切磋琢磨를 거쳐야만 유용한 그릇을 만들 수 있다.
  이와 같이 사람도 부지런히 학문에 힘쓰고 덕행을 쌓아야 성

---
* 『禮記』「學記」, 『明心寶鑑』「勸學」

숙한 인격자로서 인간의 도리를 할 수 있다는 말이다.

평생 살면서 학문은 학교 교육만으로는 부족하다. 학교에서는 길만 터 주는 것일 뿐이다.

학문은 틈나는 대로 평생을 두고 꾸준히 연마되어야 한다. 그래서 요즈음 '평생교육'이 강조되고 있다.

확실히 뇌 기능도 좋아지고, 새로운 깨우침도 많아져 노년기 일상에 큰 도움이 될 뿐만 아니라 건강 관리에도 매우 좋은 친구가 된다.

그런 줄은 알지마는 세월은 너무 빠르게 흐르고 있다. 세월을 잡지 못하는 것을 누굴 탓하나!

여기에 옛 학자들의 글귀를 소개한다.

주 자 왈 물 위 금 일 불 학 이 유 내 일
朱子曰 勿謂今日不學而有來日하며

물 위 금 년 불 학 이 유 내 년
勿謂今年不學而有來年하라.

일 월 서 의   세 불 아 연
日月逝矣라 歲不我延이니

오 호 노 의   시 수 지 건
嗚呼老矣라 是誰之愆고.*

---

*『明心寶鑑』「勸學」

오늘 배우지 않으면서 내일이 있다고 말하지 말며,

금년에 배우지 않으면서 내년이 있다고 말하지 마라.

날과 달이 가니 세월은 나를 위해 기다려 주지 않는다.

늙었도다! 이 누구의 허물인고.

小_{소년}年은 易_{이로}老하고 學_{학난성}難成하니

一_{일촌광음}寸光陰이라도 不_{불가경}可輕하라.*

　　소년은 늙기 쉽고 학문은 이루기 어려우니

　　아주 짧은 시간이라도 가볍게 여기지 말라.

未_{미각지당}覺池塘에 春_{춘초몽}草夢인데

階_{계전오엽}前梧葉이 已_{이추성}秋聲이라.**

　　연못가 봄풀의 꿈을 아직 깨닫지도 못했는데

　　어느덧 섬돌 앞 오동나무는 벌써 가을 소리를 내는구나.

---

* 『明心寶鑑』「勸學」
** 上同.

^{도연명시운}
陶淵明詩云

^{성년   불중래}
盛年은 **不重來**하고

^{일일   난재신}
一日은 **難再晨**이니

^{급시당면려}
及時當勉勵하라

^{세월   불대인}
歲月은 **不待人**이니라.*

> 도연명 시에 이르기를,
> 젊음은 거듭 오지 아니하고
> 하루는 새벽이 두 번 있지 않으니
> 때가 되거는 마땅히 학문에 힘쓰라
> 세월은 사람을 기다려 주지 않는다.

여러분, 공부합시다.
어두운 길에 등불이 되어 줍니다!

---

*『明心寶鑑』「勸學」

학문에 방심은 금물이다

흔히 '정신일도精神一到 하사불성何事不成'이란 말을 한다.
정신을 한곳으로 집중하면 어떤 일인들 못 이루겠는가라는 뜻이다.
어떤 일이든 목적하는 바가 있고, 그 목표하는 바가 있게 된다.
학문도 마찬가지로 지향하는 희망봉이 있기 마련이다.

학문을 탐구하는 것은 재미도 있고 흥미롭기도 하지만, 때로는 지루하고 긴장감이 풀려 해이해지기도 한다. 이렇게 방심하게 되면 으레 다잡았던 마음을 풀어놓아 버리게 된다.
옛 성현들도 이러한 경험이 있었던 것으로 보인다.

맹자께서 단단히 강조하는 말씀을 하셨다.

_{학 문 지 도} _{무 타} _{구 기 방 심 이 이 의}
學問之道는 無他라 求其放心而已矣니라.*

학문을 하는 방법은 다른 것이 없다.

그 방심을 찾는 것일 뿐이다.

_{인 유 계 견 방} _{즉 지 구 지} _{유 방 심 이 부 지 구}
人有鷄犬放이면 則知求之하되 有放心而不知求하니라.**

사람이 닭이나 개가 도망가면 찾을 줄을 아는데, 마음을 잃고서는 찾을 줄 모른다.

_{사 기 로 이 불 유} _{방 기 심 이 부 지 구} _{애 재}
舍其路而不由하며 放其心而不知求하나니 哀哉라.***

그 길을 버리고 따르지 않으며, 그 마음을 잃어버리고 찾을 줄을 모르니 슬프도다.

한문에서 슬퍼서 울고 싶은 상태일 때 탄식하는 말인 '애재哀

---

* 『孟子』「告子」上 11.
** 上同.
*** 上同.

146　올곧은 삶, 참마음을 알아차리자

哉'의 뜻을 마땅히 잘 음미해야 할 것이다.

잃어버린 마음이나 뜻을 다시 다잡아 다짐을 더욱 새롭게 해야 할 것이다.

진정한 어버이 섬김

 옛날이나 오늘이나 섬김 중에 가장 큰 일은 어버이 섬김이다.
 현재 내가 있는 것은 먼저 어버이가 계시기 때문이므로 어버이 섬김은 인간의 첫째 덕목이다.
 어버이 섬기기를 효도로써 함을 '사친이효事親以孝'라고 한다.
 맛있는 음식을 잡숫게 하고, 따뜻하게 마음 편히 모시는 것을 기본 개념으로 모셔 온 것이 효도의 통상적 사고였고 또 당연한 일이었다.

 그런데 맹자의 효의 개념은 좀 다른 점이 있다.
 요즈음 사회적 변천과 양상에 따라 볼 때 그 개념에 매우 수긍

할 점이 있다고 본다.

왜냐하면 전통적 사친이효는 오늘날 경제적으로나 사회적으로나 많은 변천과 발전으로 인하여 간접적 사친이 이루어지고 있는 단계이지만, 그 원초적 사친은 옛날이나 지금이나 변할 수 없는 '부모는 자애롭고 자식은 효도한다[父慈子孝]'이기 때문이다.

맹자의 말씀을 들어 보자.

孟子曰, 事孰爲大오 事親이 爲大하니라.

守孰爲大오 守身이 爲大하니라.*

맹자께서 말씀하시길,

"섬기는 일 중에 어떠한 것이 큰 것이 되겠는가?

어버이 섬기는 것이 큰 것이 된다.

지키는 것 중에 어떠한 것이 큰 것이 되겠는가?

자신을 지키는 것이 큰 것이 된다."

■ 주석

자신을 지키는 것은 그 몸을 잘 지켜 의롭지 못한 불의不

---

*『孟子』「離婁」上 19.

義에 빠지지 않게 하는 것이다.

_{수 신}　_{지 수 기 신}　_{사 불 함 어 불 의 야}
守身은 持守其身하여 使不陷於不義也라.*

불의에 빠져 한번 수신하지 못하게 되면 몸은 휴손虧損하고 어버이를 욕되게 하니, 그런 상황에서 진수성찬으로 어버이를 봉양한다 한들 과연 족히 효라고 할 수 있겠는가.

_{불 실 기 신 이 능 사 기 친 자}　_{오 문 지 의}
不失其身而能事其親者를 吾聞之矣요

_{실 기 신 이 능 사 기 친 자}　_{오 미 지 문 야}
失其身而能事其親者를 吾未之聞也로다.**

자기 자신을 잃지 않아야 그 어버이를 섬길 수 있다는 것은 내가 들었지만, 자기 자신을 잃고서도 그 어버이를 섬길 수 있다는 것은 내가 아직 듣지 못했다.

_{숙 불 위 사}　_{사 친}　_{사 지 본 야}
孰不爲事이오마는 事親이 事之本也요

_{숙 불 위 수}　_{수 신}　_{수 지 본 야}
孰不爲守리오마는 守身이 守之本也니라.***

---

* 『孟子』「離婁」上 19 註.
** 『孟子』「離婁」上 19.
*** 上同.

어떠한 것인들 섬김이 되지 않겠는가마는
어버이 섬김이 섬김의 근본이다.
어떠한 것인들 지킴이 되지 않겠는가마는
자신을 지키는 것이 지키는 것의 근본이다.

자기 자신이 불의에 빠지지 않는 것이 내 몸을 지키는 일이다.

내 몸을 잘 지키면 집안이 가지런해지고, 그런 상태에서 어버이를 섬긴다면 가장 진정한 사친이 될 것이다.

오늘날 아무리 시설이 훌륭한 곳에 모셔서 잘 섬긴다 하더라도 만약 자식이 온전치 못하고 불의에 빠져 몸을 잃은 상태가 된다면 진정한 효라고 할 수 없다.

자식이 떳떳하게 몸을 잘 지켜 자기 임무에 충실하고 바르게 서서 자식 노릇을 잘한다면 시대에 맞는 효라고 할 수 있으며 좋은 사회가 되고 나라가 평안할 것이다.

소인과 대인의 분별

맹자왈 인지어신야　　겸소애　　겸소애　　즉겸소양야
孟子曰 人之於身也에 兼所愛니 兼所愛면 則兼所養也라.

무 척 촌 지 부 불 애 언　　즉 무 척 촌 지 부 불 양 야
無尺寸之膚不愛焉이면 則無尺寸之膚不養也니

소 이 고 기 선 불 선 자　　기 유 타 재
所以考其善不善者는 豈有他哉리오.

어 기　　취 지 이 이 의
於己에 取之而已矣니라.*

　　맹자께서 말씀하셨다.

　　"사람이 자기 몸에 대해서 사랑하는 것을 겸하니

---

*『孟子』「告子」上 14.

사랑하는 것을 겸하면 기르는 것도 겸한다.
한 자[尺]와 한 치의 살갗도 사랑하지 아니함이 없으니
한 자와 한 치의 살갗도 기르지 아니함이 없을 것이지만,
잘 기르고 잘못 기름을 살펴 생각하는 것이
어찌 다른 데 있겠는가.
자기에게서 취할 뿐이다."

■ 주석

사람이 자기 한 몸에 대하여 진실로 마땅히 겸하여 길러야 한다. 그러나 그 기르는 것의 잘잘못을 살펴 생각하고자 하는 것은 오직 이것을 자기 몸에 돌이켜서 그 경중을 살핌에 달려 있을 뿐이다.

^{체유귀천   유소대   무이소해대   무이천해귀}
體有貴賤하며 **有小大**하니 **無以小害大**하며 **無以賤害貴**니

^{양기소자위소인   양기대자위대인}
養其小者爲小人이요 **養其大者爲大人**이니라.*

몸에는 귀천이 있으며 작고 큰 것이 있으니,
작은 것을 가지고 큰 것을 해치지 말며

---

*『孟子』「告子」上 14.

천한 것을 가지고 귀한 것을 해치지 말아야 하는 것이니
작은 것을 기르는 자는 소인이 되고,
큰 것을 기르는 자는 대인이 되는 것이다.

■ 주석

여기서 천하고 작은 것은 구복口腹이라 하여 입으로 먹고 배로 소화하는 것을 말하며, 귀하고 큰 것은 심지心志이니 마음과 뜻을 이른다.

賤而小者는 口腹也요 貴而大者는 心志也라.*

飮食之人을 則人賤之矣나니 爲其養小以失大也니라.**

음식을 밝히는 사람을 남들이 천박하게 여기는 것이니,
작은 것을 기르고 큰 것을 잃어버리기 때문이다.

飮食之人이 無有失也면 則口腹이 豈適爲尺寸之膚哉리오.***

---

* 『孟子』「告子」上 14 註.
** 『孟子』「告子」上 14.
*** 上同.

음식을 밝히는 사람이 잃음이 있지 않다면
입으로 먹고 배로 소화하는 것이
어찌 다만 한 자나 한 치의 살갗을 위할 뿐이겠는가.

■ 주석

구복의 기름은 사람의 몸과 생명에 관계되는 것이니, 다만 한 자나 한 치의 살갗이 될 뿐만은 아니다. 다만 작은 것을 기르는 사람은 큰 것을 잃지 않음이 없다. 그러므로 구복을 비록 마땅히 길러야 하나 끝내 작은 것으로써 큰 것을 해치고, 천한 것으로써 귀한 것을 해쳐서는 안 됨을 말씀한 것이다.

사람이 자기 몸에 대해서 겸애兼愛와 겸양兼養을 할 때 균형적 보완을 이루어 한쪽으로 치우치는 편향적이 아니라면 굳이 소인, 대인의 분별이 있을 수 있겠는가!

다만 극히 편향적일 때 성향을 분별하기 위해서 대소를 말할 수는 있겠으나, 평상적으로 오로지 구복口腹만을 기르는 자가 아니면서 겸애와 겸양의 차원에서 본다면 드문 사례가 아닐 수 없다.

다만 작은 것에 치우쳐서 작은 것으로써 큰 것을 해치고, 천한 것으로써 귀한 것을 해칠까 우려하는 말씀이라고 생각된다.

소인과 대인의 이해

^{공도자 문왈}
公都子 問曰

^{균 시 인 야   혹 위 대 인   혹 위 소 인   하 야}
鈞是人也로되 **或爲大人**하며 **或爲小人**은 **何也**잇고.

^{맹 자 왈}
孟子曰

^{종 기 대 체 위 대 인   종 기 소 체 위 소 인}
從其大體爲大人이요, **從其小體爲小人**이니라.*

공도자가 맹자께 물었다.

"똑같은 사람인데 혹은 대인이 되며 혹은 소인이 되는 것

---

*『孟子』「告子」上 15.

은 어째서입니까?"

맹자께서 말씀하셨다.

"그 대체를 따르는 사람은 대인이 되고, 그 소체를 따르는 사람은 소인이 되는 것이다."

■ 주석

여기에서 균鈞은 '같음'의 뜻이며, 종從은 '따름'이다.

대체大體는 마음[心]을 가리키며, 소체小體는 귀·눈류類를 가리키는 말이다.

_균 _{동 야} _종 _{수 야}
鈞은 同也며 從은 隨也고

_{대 체} _{심 야} _{소 체} _{이 목 지 류 야}
大體는 心也요 小體는 耳目之類也니라.*

_왈 _{균 시 인 야} _{혹 종 기 대 체} _{혹 종 기 소 체} _{하 야}
曰 鈞是人也로되 或從其大體하며 或從其小體는 何也잇고[**]

"똑같은 사람인데 혹은 대체를 따르며 혹은 소체를 따름은 어째서입니까?"

---

*『孟子』「告子」上 15 註.
**『孟子』「告子」上 15.

^{왈 이 목 지 관} ^{불 사 이 폐 어 물} ^{물 교 물} ^{즉 인 지 이 이}
曰耳目之官은 不思而蔽於物하나니 物交物이면 則引之而已

^의
矣니라.*

맹자께서 말씀하셨다.

"귀와 눈의 기능은 생각하지 못하여 물건에 가려지니, 물건 외물外物이 물건 이목耳目과 사귀면 거기에 끌려갈 뿐이다."

^{심 지 관 즉 사}　^{사 즉 득 지}　^{불 사 즉 부 득 야}
心之官則思라 思則得之하고 不思則不得也니

^{차 천 지 소 여 아 자}　^{선 립 호 기 대 자}　^{즉 기 소 자 불 능 탈 야}
此天之所與我者라 先立乎其大者면 則其小者不能奪也니

^{차 위 대 인 이 이 의}
此爲大人而已矣니라.**

마음의 기능은 곧 생각이니 생각하면 그것을 얻고, 생각하지 않으면 얻지 못한다.

이것은 하늘이 우리 인간에게 부여해 주신 것이니 먼저 그 큰 것에 선다면 작은 기능이 능히 빼앗지 못할 것이니 이것이 대인이 되는 이유일 뿐이니라.

---

*『孟子』「告子」上 15.
** 上同.

■ 주석

  귀, 눈, 마음 이 세 가지 기능은 다 하늘이 우리 인간에게 주신 것인데, 그중에서도 마음이 가장 큰 것이니, 만일 능히 이 마음을 세울 수 있으면 일을 생각하지 않음이 없어서 귀와 눈의 욕심이 능히 빼앗지 못할 것이니 이것이 대인이 되는 이유이다.

此三者_{차삼자}는 皆天之所以與我者_{개천지소이여아자}로되 而心爲大_{이심위대}하니 若能_{약능} 有以立之_{유이입지}면 則事無不思_{즉사무불사}하여 而耳目之欲_{이이목지욕}이 不能奪之_{불능탈지} 矣_의니 此所以爲大人也_{차소이위대인야}라.*

  요는 사람이 먼저 대인의 입지에 서면서 큰 것으로 이끌면 소인의 기능은 대체인 마음의 기능을 빼앗지 못할 것이므로 대인이 되는 것이다!

---

*『孟子』「告子」上 15 註.

같으면서 아닌 것을 미워한다

사이비似而非란 무엇인가?

같으면서 아닌 것, 즉 겉은 같은 것 같지만 속은 다른 것을 말한다.

사이비라는 용어가 어떻게 유래되었는지 문헌을 통하여 알아보고자 한다. BC479년에 공자께서 세상을 떠나신 후 제자들에 의해 『논어』가 발간되었으니, 다음의 말은 공자 생존 시에 하신 말씀이다.

子曰 惡紫之奪朱하며 惡鄭聲之亂雅樂也하며 惡利口之覆邦
_{자왈 오자지탈주   오정성지난아악야   오이구지복방}

家^가者^자하노라.*

공자께서 말씀하셨다.

"자주색이 붉은색을 빼앗는 것을 미워하며, 정鄭나라의 음악이 아악雅樂을 어지럽히는 것을 미워하며, 말을 민첩하게 잘하는 입[利口]이 나라를 전복시킬까 미워한다."

*惡은 '미워하다'의 뜻일 때 '오'로 읽는다.

■ 주석

주색朱色은 정색正色이고 자주색은 간색間色이다. 아雅는 바름이다. 이구利口는 말을 민첩하게 잘하는 것이다. 복覆은 기울고 망하게 하는 것이다.

맹자(BC372-289)는 그의 학문 활동 시대에 이르러 공자의 말씀을 인용하면서 그 뜻을 넓혀 다시 밝히셨다.

孔子曰^{공자왈} 惡似而非者^{오사이비자}하노니 惡莠^{오유}는 恐其亂苗也^{공기난묘야}요 惡佞^{오녕}은 恐其^{공기}

* 『論語』「陽貨」18.

亂義也요 惡利口는 恐其亂信也요 惡鄭聲은 恐其亂樂也요 惡
紫는 恐其亂朱也요 惡鄕原은 恐其亂德也라 하시니라.*

공자께서 말씀하셨다.

"같으면서 아닌 것[似而非]을 미워하노니, 가라지를 미워함은 벼 싹을 어지럽힐까 두려워해서요, 아첨하는 사람을 미워함은 의義를 어지럽힐까 두려워해서요, 말 잘하는 입을 가진 자를 미워함은 신信을 어지럽힐까 두려워해서요, 정나라 음악을 미워함은 정악正樂을 어지럽힐까 두려워해서요, 자주색을 미워함은 붉은색을 어지럽힐까 두려워해서요, 향원鄕原**을 미워함은 덕德을 어지럽힐까 두려워해서이다."

■ 주석

유莠는 묘苗와 같아 보이는 풀이다. 녕佞은 재주와 지혜가 있는 자의 칭호이니 그 말은 의로운 것 같으나 의義가 아니다. 이구利口는 말이 많으나 성실하지 못한 자이다. 정성鄭聲은 음탕한 음악이요, 악樂은 정악正樂이다. 자紫는 중간색이요 주朱는 바른 색이다. 향원鄕原은 기세가 세지도 않고 고집

---

*『孟子』「盡心」下 37.
**鄕原은 『論語』「陽貨」에서도 보임.

스럽지도 않아서[불광불견不狂不獧] 사람들이 모두 선善하다고 하니 중도中道의 인물과 유사하지만 실제는 아니다. 그러므로 그 덕을 어지럽힐까 두려워하신 것이다.

萬章曰 一鄕이 皆稱原人焉이면 無所往而不爲原人이어늘 孔子以爲德之賊은 何哉잇고.*

만장이 말하였다.

"한 고을이 모두 점잖은 사람[原人]이라고 이른다면 가는 곳마다 원인이 되지 않음이 없거늘, 공자께서 덕을 해친다고 하심은 어째서입니까?"

孟子曰 非之無擧也하며 刺之無刺也하고 同乎流俗하며 合乎汚世하여 居之似忠信하며 行之似廉潔하여 衆皆悅之어든 自以爲是而不可與入 堯舜之道라. 故로 曰 德之賊也라 하시니라.**

맹자께서 말씀하셨다.

---

* 『孟子』「盡心」下 37.
** 上同.

"비난하려 하여도 들춰낼 것이 없으며, 찌르려 하여도 찌를 것이 없고, 유속과 동화하며, 더러운 세상에 영합하여 거처하는 곳이 충忠과 신信 같으며, 행하는 것이 청렴결백과 같아서 여러 사람이 다 좋아하며, 스스로 옳다 여기지만 요순의 도에 들어갈 수 없다. 그러므로 덕을 해친다고 하신 것이다."

특히 향원에 대해서는 중히 말씀하셨다.
내용을 짐작하건대, 향원으로 칭하던 자는 그 고을에서 점잖다고 일컬어지고는 있으나 학문을 통하여 덕을 밝혀야 하는데도 그런 뜻이 전혀 없으며, 순수하고자 하는 의욕도 없는 사람이다.
그저 현실에만 집착하면서 점잖고 훌륭한 사람으로 위장하는 데만 능하고 빈틈은 보이지 않으므로 겉으로 보기에는 훌륭한 사람으로 보여서 사회적 영향력도 갖게 된다.
이런 사람은 참사람이라기보다는 순수함을 풍기는 인간미라고는 찾아볼 수 없는 자이다. 때로는 자기 결점도 노출시키기도 하면서 순수한 면이 있는 사람보다는 매우 위험한 사람으로서, 공자와 맹자 두 분 성현께서 옛적 요순시대로부터의 사회적 규범상 사이비적으로 경계해야 할 인간으로 지적하신 것이라 보인다.

현시대에 사는 우리는 옛 시대보다도 훨씬 복잡함에 처해 있다. 모든 분야에 참[眞]과 거짓[假]을 구분할 줄 알아야 할 뿐만 아니라 옥석玉石을 가릴 줄 아는 판단력, 즉 그 역량을 키워서 대처할 수 있도록 견문을 넓혀야 할 것이다.

천명을 거스르는 자는 망한다

하늘의 이치가 인간이 사는 세상의 이치와 다를 바가 없다.

『명심보감』「천명天命」편의 '천명을 거스르는 자는 망한다[逆天者亡]'는 말씀은 『맹자』「이루離婁」편 상 7에서도 볼 수 있다.

제경공齊景公이 나라가 쇠퇴해지자, 오랑캐 나라로 칭하던 오吳나라에 힘이 눌려 보내기 싫은 딸을 시집보내며 부끄러워 눈물을 흘린 이야기다.

_{맹자왈 천하유도   소덕   역대덕   소현   역대현}
孟子曰 天下有道에는 小德이 役大德하고 小賢이 役大賢하며

_{천하무도   소역대   약역강   사이자   천야   순천}
天下無道에는 小役大하고 弱役强하나니 斯二者는 天也니 順天

者는 存하고 逆天者는 亡하니라.*

맹자께서 말씀하셨다.

"천하에 도가 있을 때는 소덕이 대덕에게서 부림을 받고, 소현이 대현에게서 부림을 받으며, 천하에 도가 없을 때는 작은 자가 큰 자를 부리고 약한 자가 강한 자를 부린다. 이 두 가지는 하늘의 이치이니, 천명을 순종하는 자는 보존되고, 천명을 거스르는 자는 망한다."

■ 주석

도道가 있는 세상에는 사람들이 모두 덕德을 닦아서 지위를 반드시 그 덕의 크고 작음에 걸맞게 하고, 천하에 도가 없을 때는 사람들이 덕을 닦지 않으니 다만 힘으로써 서로 사역할 뿐이다. 하늘은 이치와 형세의 당연함이다.

齊景公曰 旣不能令하고 又不受命이면 是는 絶物也라 하고 涕出而女於吳하니라.**

---

* 『孟子』「離婁」上 7.
** 上同.

제경공이 말하였다.

"(국세가 약하여) 이미 명령하지도 못하고 또 명령을 받지도 못하면 이는 남(物 : 사람)과 끊기는 것이다."

하고는 눈물을 흘리면서 오나라에 딸을 시집보냈다.

■ 주석

이것을 이용하여 소역대小役大 약역강弱役强의 일을 말씀하신 것이다. 오나라는 오랑캐 나라이므로 경공이 그와 더불어 혼인하는 것을 부끄러워하였으나 그의 강함을 두려워했기 때문에 눈물을 흘리면서 딸을 준 것이다.

引此以言小役大, 弱役强之事也라. 吳는 蠻夷之國也니 景公이 羞與爲婚이나 而畏其强이라 故로 涕泣而以女與之하니라.*

今也에 小國이 師大國而恥受命焉하나니 是猶弟子而恥受命先師也라.**

---

*『孟子』「離婁」上 7 註.
**『孟子』「離婁」上 7.

지금 약소국이 강대국의 소행을 본받으면서 명령받기를 부끄러워하니 이는 제자가 선사(스승)에게 명령받기를 부끄러워함과 같은 것이다.

■ 주석 ─────────────

말하자면 약소국이 덕을 닦아서 스스로 강하게 하지 않고 즐겁게 놀며 태만히 행동하는 것은 모두 강대국이 하는 짓과 똑같이 하고 본받으면서 유독 그 가르침과 명령받기를 부끄러워하니, 이는 될 수 없는 것이다.

言小國이 不修德以自强하고 其般樂台敖를 皆若效大國之所爲者而獨恥受其命하니 不可得也라.*

제나라는 낙심하고 부끄러워해서만은 안 되었다. 현재의 국가 처지를 살펴서 반성하면서 덕을 닦아 옛 강국으로 부흥하여 다시 영화를 누릴 수 있도록 역량을 길렀어야 했다.

역사의 흐름에서 배우는 것은 강한 나라라고 하여 영원히 그 강함을 유지하기는 쉽지 않다는 것이다.

* 『孟子』「離婁」上 7 註.

낭비와 사치, 그리고 방탕함에 빠져 방심하고 해이해지면 나라는 기울어지기 마련이다. 기울어지는 나라는 돌보지 않고 스스로 자멸의 길을 가고 있다면 노리고 있던 인국隣國은 기회를 놓치지 않을 것이다. 그래서 한눈을 팔면 하늘의 이치를 거스르는 것이라고 하는 것이다.

일의 실마리를 가까이에서 찾자

모든 일의 출발은 원초부터 시작되고, 쉬운 것부터 시작하여 차츰 어렵게 완성된다. 그러므로 일을 풀어 가는 데도 서둘러 앞지르지 말고 차분히 당초의 출발부터 차근차근 밟아 가야 한다.

孟子曰 道在爾而 求諸遠하며 **事在易而 求諸難**하니라.*
(맹자왈 도재이이 구저원   사재이이 구저난)

맹자께서 말씀하셨다.

"방법이 가까운 곳에 있는데도 먼 곳에서 구하며(찾으며), 일이 쉬운 데가 있는데도 어려운 데서 구한다(찾는다)."

---

*『孟子』「離婁」上 11.

■ 주석

방법[道]은 애당초 여기에서 벗어나지 않는다. 이것을 버리고 다른 데서 구하면 멀고 어려워져서 도리어 잃게 된다.

_{도 초 불 외 시 야   사 차 이 타 구   즉 원 차 난 이 반 실}
道初不外是也라 舍此而他求면 則遠且難而反失이니라.*

_{자 왈 군 자   구 저 기   소 인   구 저 인}
子曰 君子는 求諸己요 小人은 求諸人이니라.**

공자께서 말씀하셨다.

"군자는 자신에게서 구하고(찾고), 소인은 남에게서 구한다(찾는다)."

■ 주석

사씨謝氏가 말하였다.

"군자는 자기 몸에 돌이켜 찾지 않음이 없고, 소인은 이와 반대이다. 군자와 소인이 분별되는 이유이다."

_{사 씨 왈 군 자   무 불 반 구 저 기   소 인   반 시   차}
謝氏曰 君子는 無不反求諸己요 小人은 反是하니 此

---

* 『孟子』「離婁」上 11 註.
** 『論語』「衛靈公」20.

^{군 자 소 인 소 이 분 야}
君子小人所以分也니라.*

　군자란 성품이 어질고 학식이 높은 지성인을 말한다.
　이상과 같이 어떤 일을 해결하는 방법을 낯설고 어려운 곳에서 찾으려 하지 말고, 핑계 삼아 남을 탓할 것이 아니라 자신에게서 찾아야 한다.
　원하던 일의 목표는 더 가까운 곳, 그리고 자신을 고찰하는 일이 더 필요한 것이다.

---

*『論語』「衛靈公」 20 註.

마음의 창은 눈동자이다

마음이 맑아야[淨] 눈동자가 맑고[淸], 눈동자가 밝아야[瞭] 마음도 밝다[明].

<small>맹자왈 존호인자 막양어모자   모자불능엄기악   흉</small>
孟子曰 存乎人者 莫良於眸子하니 **眸子不能掩其惡**하나니 **胸**
<small>중정   즉모자료언   흉중부정   즉모자모언</small>
中正이면 **則眸子瞭焉**하고 **胸中不正**이면 **則眸子眊焉**이니라.*

맹자께서 말씀하셨다.

"사람에게 보존되어 있는 것[神氣]은 눈동자보다 더 좋은

---

* 『孟子』「離婁」上 15.

것이 없으니, 눈동자는 그의 악을 가리지 못한다. 흉중이 바르면 눈동자가 밝고 흉중이 바르지 못하면 눈동자가 흐리다."

■ 주석

양良은 좋음이다. 모자眸子는 눈동자이다. 료瞭는 눈 밝음이다. 모眊는 몽몽夢夢하여 눈이 밝지 못한 모양이다. 사람이 사물과 접할 때 그 신神이 눈에 있기 때문에 가슴속이 바르면 신이 정精하여 '눈동자'가 밝고 가슴속이 바르지 못하면 신이 흐려져서 '눈동자'가 어두운 것이다.

_양 _{선야} _{모자} _{목동자야} _료 _{명야} _{모자} _몽
良은 善也라 眸子는 目瞳子也라 瞭는 明也라 眊者는 蒙

_몽 _{목불명지모} _{개인여물접지시} _{기신재목}
蒙하여 目不明之貌라 蓋人與物接之時에 其神在目이라

_고 _{흉중정즉} _{신정이명} _{부정즉} _{신산이혼}
故로 胸中正則 神精而明하고 不正則 神散而昏이니

라.*

_{청기언야} _{관기모자} _{인언수재}
聽其言也요 觀其眸子면 人焉廋哉리오**

---
* 『孟子』「離婁」上 15 註.
** 『孟子』「離婁」上 15.

그 말을 들어 보고 그 눈동자를 관찰한다면 사람이 어떻게 자신을 숨기겠는가.

■ 주석

수瘦는 숨김이다. 말도 또한 마음에서 나오는 것이다. 그러므로 이것(말)까지 아울러(겸하여) 관찰한다면 사람의 사악함과 바름을 숨길 수 없다. 그러나 말은 오히려 거짓으로 잘할 수 있지만, 눈동자는 속일 수 없는 것이다.

瘦는 匿也라 言亦心之所發이라 故로 幷此以觀이면 則 人之邪正을 不可匿矣라. 然이나 言猶可以僞爲이어니와 眸子則有 不容僞者니라.*

사람을 대할 때 상대방의 진실함과 거짓됨을 찾아보고자 한다면 그의 표정과 눈동자를 잘 살피는 것이 좋겠다. 가식적인 말을 듣기보다는 오히려 그 편이 더 정확한 판단을 하게 될 수도 있다.

눈동자가 맑고 밝다면 마음도 맑고 밝은 진실한 사람으로 보아도 좋을 것이다.

---

*『孟子』「離婁」上 15 註.

죽음보다 더 중한 신뢰

子貢이 問政한대 孔子曰 足食 足兵 民信之矣리라.*
<small>자공   문정   공자왈 족식 족병 민신지의</small>

자공子貢이 정사政事를 묻자, 공자께서 말씀하셨다.

"양식을 풍족히 하고 병兵을 풍족히 하면, 백성이 신뢰할 것이다."

■ 주석

창고가 꽉 차고 무병武兵 대비가 닦여진 뒤에 교화가 행해져서 백성들이 나(위정자)를 믿어서 떠나고 달아나지 않음을

---

* 『論語』「顔淵」 7.

말씀하신 것이다.

言^언倉^창稟^품實^실而^이 武^무備^비修^수然^연後^후에 敎^교化^화行^행而^이民^민信^신於^어我^아하여 不^불離^리叛^반也^야라.*

子^자貢^공曰^왈 必^필不^부得^득已^이而^이去^거인댄 於^어斯^사三^삼者^자에 何^하先^선이리잇고. 曰^왈 去^거兵^병이니라.**

자공이 말하였다.

"반드시 부득이해서 버린다면 이 세 가지 중에 무엇을 먼저 해야 합니까?"

공자께서 말씀하셨다.

"병을 버려야 한다."

■ 주석

양식이 풍족하고 믿음이 깊으면 병兵이 없어도 지킴이 견고할 것임을 말씀한 것이다.

---

* 『論語』「顔淵」 7 註.
** 『論語』「顔淵」 7.

_{언 식 족 이 신 부   즉 무 병 이 수 고 의}
言食足而信孚면 則無兵而守固矣라.*

_{자 공 왈   필 부 득 이 이 거   어 사 이 자   하 선   왈 거}
子貢曰 必不得已而去인댄 於斯二者에 何先이리잇고. 曰 去

_{식   자 고 개 유 사   민 무 신 불 립}
食이니 自古皆有死어니와 民無信不立이니라.**

자공이 말하였다.

"반드시 부득이해서 버린다면 이 두 가지 중에 무엇을 먼저 해야 합니까?"

공자께서 말씀하셨다.

"양식을 버려야 하니, 예로부터 사람은 누구나 다 죽음이 있거니와, 백성들의 신뢰가 없으면 설 수 없다."

■ 주석 1

사람은 양식이 없으면 반드시 죽는다. 그러나 죽음은 사람이 반드시 면할 수 없는 것이요, 신뢰가 없으면 비록 산다 해도 설 수가 없으니 죽음이 편안함만 못하다. 그러므로 차라리 죽을지언정 백성들에게 신뢰를 잃지 않아서 백성들로

---

* 『論語』「顔淵」7 註.
** 『論語』「顔淵」7.

하여금 또한 차라리 죽더라도 나에게 신뢰를 잃지 않게 하여야 한다.

_{민무식필사   연   사자   인지소필불면   무신}
民無食必死라 然이나 死者는 人之所必不免이요 無信
_{즉수생이무이자립   불약사지위안   고   영사}
則雖生而無以自立하니 不若死之爲安이라. 故로 寧死
_{이불실신어민   사민역영사이불실신어아야}
而不失信於民하여 使民亦寧死而不失信於我也니라.*

■ 주석 2

정자程子가 말씀하였다.

"공문孔門의 제자가 묻기를 잘하여 곧바로 밑바닥에까지 이르렀으니, 이 장과 같은 것은 자공이 아니면 묻지 못했을 것이요, 성인이 아니면 답하지 못했을 것이다. (중략) 이 때문에 위정자들은 마땅히 몸소 백성들에게 솔선수범하여 죽음으로써 '신뢰'를 지켜야 할 것이요, 위급하다고 해서 버릴 수 있는 것이 아니다."

_{정자왈   공문제자선문   직궁도저   여차장자}
程子曰 孔門弟子善問하여 直窮到低하니 如此章者는
_{비자공   불능문   비성인   불능답야}
非子貢이면 不能問이요 非聖人이면 不能答也니라. (中略)

---

* 『論語』「顏淵」7 註.

是^{시이}以로 爲^{위정자}政者 當^{당신솔기민}身率其民하여 而^{이이사수지}以死守之요 不^{불이위}以危
急^{급이가기야}而可棄也라.*

   위정자는 굶어 죽을지언정 백성들에게 신뢰를 잃지 않아야 함을 절실하게 말씀하신 것이다.
   그래서 죽음보다도 더 중한 신뢰라고 하는 것이다.

---

*『論語』「顏淵」7 註.

정성스럽고자 함은 천도를 본받는 것이다

_{맹자왈 거하위이불획어상　　민불가득이치야}
孟子曰 居下位而不獲於上이면 民不可得而治也라.[*]

맹자께서 말씀하셨다.

"아래 지위에 있으면서 윗사람에게 '신임'을 얻지 못하면 백성을 다스리지 못할 것이다."

_{획어상유도　　불신어우　　불획어상의}
獲於上有道하니 不信於友면 弗獲於上矣라.[**]

---

* 『孟子』「離婁」上 12.
** 上同.

"윗사람에게 신임을 얻는 데 방법이 있으니, 벗에게 신임을 받지 못하면 윗사람한테 신임을 얻지 못할 것이다."

信_신於_어友_우有_유道_도하니 事_사親_친不_불悅_열이면 弗_불信_신於_어友_우矣_의리라.*

"벗에게 신임을 받는 방법이 있으니, 어버이를 섬겨서 기쁘게 해드리지 못하면 벗에게 신임을 얻지 못할 것이다."

悅_열親_친有_유道_도하니 反_반身_신不_불誠_성이면 不_불悅_열於_어親_친矣_의리라.**

"어버이를 기쁘게 해드리는 방법이 있으니, 몸을 돌이켜 봄에 정성스럽지 못하면 어버이에게 기쁨을 갖게 하지 못할 것이다."

誠_성身_신有_유道_도하니 不_불明_명乎_호善_선이면 不_불誠_성其_기身_신矣_의리라.***

몸을 정성스럽게 하는 데 방법이 있으니, 선善을 밝게 알지 못하면 그 몸을 정성스럽게 하지 못할 것이다.

---

* 『孟子』「離婁」上 12.
** 上同.
*** 上同.

■ 주석

유씨가 말하였다.

"그 뜻을 성실히 하려고 한다면 먼저 그 지식을 지극히 하여야 하니, 선善의 소재를 밝게 알지 못하면 그 몸을 성실히 하지 못할 것이다. 학문이 몸을 성실히 함에 이르면 어디를 간들 그 지극함을 이루지 못하겠는가. 안으로는 어버이에게 순하고, 밖으로는 벗에게 믿음을 받고, 위로는 군주에게 신임을 얻고, 아래로는 백성들에게 민심을 얻는 것이다."

遊氏曰 欲誠其意인댄 先致其知니 不明乎善이면 不誠乎身矣라. 學至於誠身이면 則安往而不致其極哉리오. 以內則 順乎親이요 以外則 信乎友요, 以上則 可以得君이요, 以下則 可以得民矣라.*

是故로 誠者는 天之道也요 思誠者는 人之道也니라.**

그러므로 자연스럽게 정성스러움은 하늘의 도요, 정성스

---

* 『孟子』「離婁」上 12 註.
** 『孟子』「離婁」上 12.

럽게 되기를 생각하는 것은 사람의 도리이다.

■ 주석

성誠은 나에게 있는 이理를 모두 성실히 하여 거짓이 없는 것이니, 천도天道의 본연이요, 사성思誠은 나에게 있는 이理를 모두 성실히 하여 거짓이 없게 하고자 하는 것이니 사람 도리의 당연함이다.

誠者는 理之在我者實而無僞니 天道之本然也요, 思誠者는 欲此理之在我者 皆實而無僞니 人道之當然也라.*

至誠而不動者 未之有也니 不誠이면 未有能動者也니라.**

지극히 정성스럽게 하고서 '남을' 감동시키지 못하는 것은 있지 않으니, 정성스럽지 못하면 능히 남을 감동시킬 수 있는 것이 있지 않다.

---

*『孟子』「離婁」上 12 註.
**『孟子』「離婁」上 12.

이렇게 하늘과 자연의 성실함은 하늘의 도[天道]인 것이요, 인간이 그 성실함을 본받고자 생각함[思誠]은 인간의 도리[人道]인 것이다.

인간이 도덕적으로 하늘과 합일하는 것을 천인합일天人合一이라고 한다.

| 부록 |

예악과 인격 형성

필자의 석사학위논문 「선진유가의 도덕원리와 자연 질서의 상관성」 중 본서와 관련된 것이 있어 「예악과 인격 형성」 부분만 발췌해 싣는다.

예악과 인격 형성

예禮는 천지의 질서가 되고 악樂은 천지와 조화를 이루는 것이다. 그러므로 禮와 樂을 실천하는 것은 천지자연과 조화되는 삶을 터득하는 것이 된다.

이러한 예악禮樂 사상은 개인의 수양으로부터 완성된 인격을 사회로 확산시켜 이상理想 사회를 구현하고자 하는 것에 궁극적인 목적을 두고 있다. 그러므로 예악을 통하여 인仁의 도덕적 이념이 구체화되어 개인의 인격 완성과 이상 사회의 구현이라고 하는 교육 목표가 완성될 수 있는 것이다.

1. 예악禮樂과 교화敎化

고대에 禮의 관념은 종교적 색채가 강한 것으로 출발하였다. 주로 제사 의식에 있어서 그 의식은 전적으로 禮가 되고, 예술적

행위는 樂으로 진화되는 것이다. 따라서 예와 악은 합치되어 예악의 행위가 성립된다.*

여기서 禮樂이 항상 병칭되고 있는 것은 예술적 요소로서의 樂이 교화의 목적으로 특화되어 유용되었다라고 보기보다는 유가 儒家 체계가 샤머니즘적 전통의 연장이자 계승이었기에 樂이 禮에 병합될 수 있었던 것이며,** 유가 이후에야 비로소 樂이라는 요소가 교화적 기능에 운용된 것이다.***

『예기禮記』에서

> 시詩는 뜻을 말하는 것이고, 노래는 성聲을 읊은 것이며, 춤은 모습을 움직이는 것이니 이 세 가지가 마음에 근본한 연후에 악기樂器가 따르게 된다.****

---

* 원시적 무술 의식에 있어서 禮가 단독으로 행해질 수 없고 반드시 樂과 합치해야 하는 까닭은 단순하다. 즉 신에게 제사한다는 것은 반드시 신을 즐겁게 해야 하는 까닭에 필수적으로 가무歌舞와 악무樂舞가 있어야 하는 것이다. (蔣孔陽, 『先秦音樂美學思想論稿』, 人民文學出版社, 北京, 1986, p. 69 참조)
** 서복관은 갑골문에서 '禮' 자는 보이지 않으나 이미 '樂' 자가 나타난 점으로부터 樂이 禮보다 훨씬 일찍 출현하였음을 지적하고 있다. (徐復觀, 『中國藝術精神』, 瀋陽春風文藝出版社, 1987, p. 1-2 참조)
*** 林泰勝, 「禮樂의 형식상에 나타난 상징적 기능」, 『儒教思想研究』 제10집, 韓國儒教學會, 1998, p. 307.
**** 『禮記』 「樂記」(樂象), "詩言其志也 歌詠其聲也 舞動其容也 三者本於心然後 樂器從之."

고 하였다.

경원보慶源輔 씨는 주註에서,

> 詩는 마음의 뜻을 말한 것이고, 노래는 마음의 聲을 읊은 것이고, 춤은 마음의 모습을 움직인 것이다.*

하였으니 詩, 歌, 舞가 마음과 함께 어우러져 樂이 되는 것이다.

> 樂은 천지와 조화되는 것이고 禮는 천지의 질서를 표현한 것이다. 조화로움으로 백성이 모두 교화되고 질서가 있으므로 온갖 사물이 구별된다. 樂은 하늘에 말미암아 지어지고 禮는 땅으로써 지어진다.**

이에서 보면 예악을 통하여 인간은 천지와 통하는 길이 열리는 것이다. 말하자면 예악이 바로 천인합일天人合一하는 수단이 되는 것이다. 이러한 예악은 인간의 역사 속에서 어떻게 변천되어 왔는지 알아보기로 하자.

---

* 註 : "詩言心之志 歌詠心之聲 舞動心之容"
** 『禮記』「樂記」(樂論) "樂者 天地之和也 禮者 天地之序也 和故 百物皆化 序故 群物皆別 樂由天作 禮以地制."

① **예악의 변천**

고대 선진先秦 시기 당시 이미 하夏·은殷·주周 3대를 거치면서 예악은 대체로 크게는 세 번의 변화를 겪는다. 무술과 연계된 원시 시기부터 하은夏殷 대까지의 '원시예악原始禮樂', 종법제宗法制와 함께 형성된 '전장예악典章禮樂', 그리고 유가가 형성된 이후 인의도덕仁義道德과 결합된 '유가예악儒家禮樂'이다.*

원시예악은 고대인들이 계급사회로 진입한 이후 군주들은 禮로써 통치를 유지하는 데 이용하였다. 하은 대에는 대군주가 무교주의 신분을 겸하였다.**

그들은 무술의식을 통하여 그들의 통치를 강화할 수 있었다. 禮의 최초의 의의는 제신祭神이다. 제신은 일정한 무술巫術 의식을 갖추고 있는데, 제신 활동의 중요한 수단인 樂이 아주 확연하게 무술 의미를 띠고 있는 점으로부터 다시 예악의 무술적 성격을 읽을 수 있다.***

당시 원시예술로서의 음악무도가 무술과 연관이 있으며, 무술적 테두리 안에서의 禮와 樂의 결합이 하은 대까지의 원시예악의

---

* 林泰勝, 앞 논문집, p. 311.
** 고대의 제왕들은 바로 대무大巫이며 그리고 항상 친히 무술을 행하였고 사봉귀신事奉鬼神하였다. (王貴元, 『女巫與巫術』, 河北人民出版社, 石家莊, 1991版, p. 7 참조)
*** 『古代藝術三百題』, p. 423.

모습이다.

무정일치巫政一致하였던 하은 대까지의 예악의 모습은 종법제의 확립으로 인하여 새로운 변화가 있게 된다. 그간의 수많은 제의祭儀의 실연實演을 거치는 사이 종법적 성격과 함께 禮라는 유무형의 규범 질서가 된 것이다.

여기에는 국가 권력이 작용하게 되고 예악이라는 외재外在의 힘이 상징적으로 활용되기에 이른다. 종법제라는 외적 사회 질서는 내적 도덕률을 수반하는 예악과 융합하게 되는데, 이러한 예악을 서주西周 시기의 전장예악이라 부를 수 있다. 그러나 동주東周 시기에 이르러 확고한 서주시기의 예악 체계도 붕괴 국면에 들어선다.*

붕괴 국면에 들어선 전장예악은 유가에 의하여 새로운 전기를 맞는다. 전통적 기존질서가 붕괴에 직면하자** 공자는 이를 해결하고자 하는 새로운 이상과 이념을 제시하게 되는데, 이것이 바로 공자의 인학사상仁學思想이다. 예악의 본질적 체계도 기존의

---

* 예악의 붕괴 원인은 첫째, 천자 세력의 쇠미, 둘째 종법제도의 파괴, 셋째 친친지정親親之情의 몰락 및 존비지서尊卑之序와 친속지정親屬之情의 소실, 넷째 제후의 상호정벌 겸병兼併 등으로 인한 봉건제도의 원래 의미 상실 등을 들 수 있다. (林安弘, 『儒家禮樂之道德思想』, 文律出版社, 臺北, 民國 77年版, p. 24 이하 참조)

** 서주의 "禮樂征伐 自天子出"은 동주에 이르러 "禮樂征伐 自諸侯出(『論語』「季氏」)"로 변하였다. "非其鬼而祭之諂也"(『論語』「爲政」) "季氏八佾舞於庭" "三家者以雍徹" "季氏旅於泰山" "椂自旣灌而往者…." "管氏亦樹塞門"(『論語』「八佾」) 등은 모두 공자가 禮의 분수를 넘어선 제후들의 참월僭越 행위들을 비판한 말이다.

예악에 인학적 이념을 가미하여 새로운 예악 체계를 구축한다. 공자의 예악관은 외양적인 禮의 절도를 樂이라는 감성적 요소를 결합하여 인성 자각과 인격 수양의 수단으로 활용하고자 하였다.

이로부터 내면에 완성되는 예악의 사회성을 이상적 사회건설[復禮]의 효용으로 삼겠다는 것이다. 유가예악은 내재적 도덕 자각과 외재적 예악 체계와 결합시킨 결과물이라 할 수 있다.*

② **예악 사상의 본질**

공자의 예악 사상은 내면적 도덕성인 仁에 기초하여 한 개인을 완성시키고 나아가 사회를 유지시켜 주는 도덕규범의 원리로 작용한다. 그러므로 공자의 仁을 실현하는 것은 개인의 완성과 이상적 사회를 구현하는 기초가 된다. 이러한 도덕적 사회를 현실에 구현하고자 仁이라는 도덕적 이념을 예악을 통하여 구체화시킨 것이다.

예의 본질은 『예기』에서

---

* 林泰勝, 앞의 논문집, p. 311-314 참조.

선왕이 예를 세움에 근본이 있고 문식文飾이 있으니 충신忠信은 禮의 근본이고 의리는 禮의 문식이다. 근본이 없으면 서지 않고 문식이 없으면 행해지지 않는다.*

禮는 근본과 문식이 있다. 충신은 내면적 본질이 되고 의리는 외면적 행위가 된다. 외면적 행위는 내면적 마음가짐이 성실하여야만 지나치지 않고 내면적 근본은 외면적 문식이 없으면 실현화될 수 없다.

임방林放이 禮의 근본을 묻자 공자께서 "크도다 물음이여. 예는 사치하기보다는 차라리 검소한 것이 낫고, 상喪은 잘 치르기보다는 차라리 슬퍼하는 것이 낫다."**

禮의 근본은 외형적 형식이 아니라 실천하는 사람의 진실된 마음가짐에 있다. 그러므로 외형적 사치보다는 검소한 마음으로 실천하는 것이 禮의 근본에 가까우며, 상을 당했을 때 형식만 철저히 갖추는 것보다는 슬퍼하는 것이 곧 더욱 禮의 근본에 가깝다.

---

* 『禮記』「禮器」: "先王之立禮也 有本有文 忠信 禮之本也 義理 禮之文也 無本不立 無文不行."
** 『論語』「八佾」 4 : 林放 問禮之本 子曰 "大哉 問 禮 與其奢也 寧儉 喪 與其易也 寧戚."

그렇다면 樂의 본질은 무엇인가? 『예기』에서는

> 樂은 천지의 조화이다.*

> 樂으로써 그 소리를 화평하게 한다.**

고 하여 樂의 본질을 '和'로 설명하고 있다.

樂은 詩, 歌, 舞를 융합한 종합예술적 성격을 지니고 있다. 『예기』에서는,

> 樂이 지나치면 방탕하게 되고, 禮가 지나치면 사이가 소원하게 된다.***

라고 하여 예나 악의 지나침을 경계하고 있다.

이는 禮와 樂은 조화를 이루는 것이 무엇보다 중요함을 강조한 것이다.

---

* 『禮記』「樂記」: "樂者 天地之和也."
** 『禮記』「樂記」: "樂以和其聲."
*** 『禮記』「樂記」: "樂勝則流 禮勝則離."

③ 예악의 인격 완성과 교화

공자의 예악 사상은 인간의 현실 속에서 대두되는 삶의 문제들을 천지의 질서를 바탕으로 풀어 보고자 한 데서 출발한다.

그러므로 개인의 인격을 완성한다고 하는 것은 우선 예악을 완성하는 것이 된다.

> 詩에서 감정을 흥기시키며, 禮에서 서며, 樂에서 완성한다.*

사람의 인격 완성, 즉 수양의 단계를 집약하여 설명한 것이다.

첫째로 '흥어시興於詩'는 시를 배우는 단계이다. 공자는 그의 아들 백어伯魚에게 시를 배웠느냐고 물으며,

> 시를 배우지 않으면 말을 할 수 없다.**
> 주남周南과 소남召南***을 공부하지 않으면 담장을 보고

---

* 『論語』「泰伯」 8 : 子曰 "興於詩 立於禮 成於樂."
** 『論語』「季氏」 13 : "不學詩 無以言."
*** 『詩經』의 두 篇名.

서 있는 것과 같다.*

고 말함으로써, 시야말로 사람의 감정을 순화시켜 내면적 수양으로 인격 완성을 이룰 수 있는 중요한 것임을 말하고 있다.

내면적 순화는 곧 외면적 표현으로 작용한다. 인간 행위는 내면적 감정의 표현 행위이므로 먼저 내면적 감정이 善해야 함이 중요하다. 그러므로 詩를 배우는 첫 단계는 선의지善意志를 갖추는 도덕적 주체성을 확립하는 단계이다.

둘째로 '입어례立於禮'의 단계는 禮로써 행동양식을 갖추는 것이다.

공자는 백어에게 禮를 배우지 않으면 설 수 없다.**

고 말하였고, 『논어』「요왈堯曰」에서는,

禮를 알지 못하면 설 수 없다.***

---

* 『論語』「陽貨」10 : 子謂伯魚曰 "女爲周南召南矣乎 人而不爲周南召南 其猶正牆面而立地與."
** 『論語』「季氏」13 : "不學禮 無以立."
*** 『論語』「堯曰」3 : "不知禮 無以立也."

하였다. 禮를 배워 알아야만 세상에 바로 설 수 있다는 말이다.

禮는 사람으로서 갖추어야 할 외면적 도덕규범이다. 詩를 배워서 내면적으로 도덕적 주체성을 확립한 뒤 그것을 행동으로 실천하는 것이 禮이다.

마지막으로 '성어악成於樂'은 인격 완성의 단계이다. 인격 완성을 설명한 것은 악의 본질 자체가 조화에 있기 때문이다. 『예기』에서,

> 樂은 사람의 마음을 화평하게 한다.*
> 樂은 천지를 조화롭게 하는 것이고, 禮는 천지 간을 질서 있게 하는 것이다.**

라 하였다. 詩를 통하여 함양된 인간의 내면적 선의지가 禮를 통하여 외면적 행동 규범으로 나타나 樂으로써 조화를 이루는 것이 완성된 인간의 모습이다.

공자가 순임금의 소韶음악은 진미진선盡美盡善하다***고 평가했

---

* 『禮記』「樂記」: "樂以和其聲."
** 『禮記』「樂記」: "樂者 天地之和也 禮者 天地之序也."
*** 『論語』「八佾」25 : 子謂韶 "盡美矣 又盡善也."

던 것은 시, 예, 악이 융합된 최선의 경지인 완성의 수준에 이른 악이었기 때문이라 할 수 있다.

이와 같은 예악 사상은 예악이 지닌 절제와 조화의 원리로 개인 수양으로부터 완성된 인격을 사회로 확산시켜 이상 사회를 구현하는 것에 궁극적인 목적이 있는 것이다.

『예기』에서는 예악의 제정 목적을 다음과 같이 말한다.

> 선왕이 예악을 제정한 것은 구복口腹과 이목耳目의 욕망을 채워 주려는 것이 아니다. 백성들에게 호오好惡를 공평하게 하도록 가르쳐서 인도人道의 바른 곳으로 돌아오게 하려는 것이다.*

> 禮로는 그 뜻을 인도하고, 樂으로는 그 소리를 화평하게 하고, 정치로써 그 행동을 한결같게 하고, 형벌로써 그 간악함을 막는다. 예악형정禮樂刑政은 그 극처極處에 있어서는 하나이니, 민심을 같게 만들고 치도治道를 발휘하는 것이다.**

---

* 『禮記』「樂記」: 是故 "先王之祭禮樂也 非以極口腹 耳目之欲也 將以敎民平好惡 而反人道之正也."
** 『禮記』「樂記」: "禮以道其志 樂以和其聲 政以一其行 刑以防其奸 禮樂刑政 其極一也 所以同民心而出治道也."

禮는 절제로 樂은 조화로 서로 치우치지 않게 균형으로 융화시켜 주는 역할을 하는 것임을 알 수 있다. 좋고 나쁨을 공평하게 함을 가르쳐 사람의 길을 바르게 이끌고자 한 것이다.

형刑은 백성의 예악이 간악함에 빠질 경우 다스리고, 정政은 예악으로 바로잡아 그 행동이 한결같도록 한다. 그러므로 형정刑政은 예악의 본질을 현실정치로 구현하는 방편이다. 궁극적으로는 목표하는 것은 하나이니 백성의 마음이 한마음이 되도록 다스림의 道를 발휘하는 것이다.*

이와 같이 예악 사상은 사회 교화를 통하여 예악의 근본원리를 정치적으로 구현함으로써 왕도가 갖추고자 하는 이상 사회 질서 회복을 구현하고자 하는 목표로 삼았던 것이다. 이러한 절제와 조화를 바탕으로 하는 예악 사상의 원리는 제반 사회 질서의 원리로, 또는 경제적인 면에서 균등과 조화의 추구로까지 나타남으로써 천지자연의 질서와 대 조화를 이루어야 하는 인간의 목표를 달성하는 수단이 된다.

---

* 공자는 『孝經』에서 "사회 풍습을 순화시키는 데 있어서는 음악보다 좋은 것이 없고, 임금을 편안하게 하고 백성을 다스리는 데 있어서는 禮보다 더 좋은 것이 없다.": "移風易俗 莫善於樂 安上治民 莫善於禮."(『孝經』「廣要道」)

2. 혈구지도絜矩之道와 충서忠恕

인간은 궁극적으로 자연과 인간 상호 간의 관계 속에 조화로운 상관성을 추구하며 살아왔다. 그것이 자연 질서이다. 여기에는 무엇으로 표준을 삼을 것인가 하는 척도가 있어야 했다. 그런데 내 마음에 천지의 질서가 갖추어져 있으므로 내 마음을 척도로 삼으면 모든 사람과 하나로 통하고, 나아가서는 천지의 질서와도 통할 수 있다.

이러한 방법이 바로 혈구지도이다.

혈구지도는 자로 물건을 재듯이 내 마음을 자[尺度]로 삼아 남의 마음도 재고 내 처지를 미루어 생각하여 남의 처지도 알아주는 방법을 말한다. 혈絜은 '재다' '헤아리다', 구矩는 '자[尺]'라는 뜻이므로 혈구는 '자로 잰다'는 뜻이 된다. 그 자(척도)는 곧 나[我]이다. 다시 말하면 나의 도덕적 양심良心을 말한다.

사람은 사회 속에 존재하고 있기 때문에 혼자일 수 없으며, 나를 중심으로 하여 주위에는 상하, 전후, 좌우의 관계 속에 살기 마련이다. 이러한 관계 속에 살고 있으면서 자기 마음을 미루어 진심으로 올바른 행위를 할 때 그 사람의 주위에는 질서가 잘 유지되기 마련이다.

주자는 "혈구지도가 인仁을 넓히는 방법인가?"라는 물음에 "仁

을 구하는 공부다."라고 답하였다.*

또 말하기를, "구矩라는 것은 마음이니 나의 마음에 하고자 하는 바는 곧 타인이 하고자 하는 바이니 내가 효孝, 제弟, 자慈를 하고자 하면 반드시 타인으로 하여금 모두 나의 孝, 弟, 慈와 같게 만든다."**고 하였다.

『대학』에서는 혈구지도를,

> 윗사람에게서 싫은 것을 가지고 아랫사람을 부리지 말며, 아랫사람에게서 싫은 것을 가지고 윗사람을 섬기지 말며, 앞사람에게서 싫은 것을 가지고 뒷사람에게 먼저 하지 말며, 뒷사람에게서 싫은 것을 가지고 앞사람에게 따르게 하지 말며, 오른쪽에 있는 사람에게서 싫은 것을 가지고 왼쪽 사람과 사귀지 말며, 왼쪽 사람에게서 싫은 것을 가지고 오른쪽 사람과 사귀지 말 것이니 이것을 혈구지도(척도로써 재는 방법)라고 일컫는 것이다.***

---

* 『大學章句』「傳十章」 小注: "問絜矩之道 是廣仁之用否 曰此乃求仁工夫." (大全)
** 『大學章句』「傳十章」 小注: "矩者心也 我心所欲 卽他人所欲 我欲孝弟慈 必使他人 皆如我之孝弟慈." (大全)
*** 『大學』「傳十章」: "所惡於上 毋以使下 所惡於下 毋以事上 所惡於前 毋以先後 所惡於後 毋以從前 所惡於右 毋以交於左 所惡於左 毋以交於右 此之謂絜矩之道."

라고 설명하고 있다.

이는 내 마음을 살펴 남의 마음을 헤아리고 내가 원하는 것을 남과 같이하고, 내가 싫어하는 것을 남에게 베풀지 않는 것이 천하를 태평하게 만드는 평천하平天下의 길이라는 것이다.

천하란 변방을 포함하여 당시의 세상을 일컫는 것으로 평천하란 지상세계의 안녕과 질서의 완성을 뜻한다. 이것이 유학 정신의 궁극적인 면이며 이 경지는 인간의 완성은 물론이고 도덕의 완성을 통하여 실현될 수 있다.

그러므로 『대학』에서의 평천하는 인간의 도덕적 행위에 바탕할 때만 가능한 것임을 혈구지도를 말함으로써 밝히고 있는 것이다. 『대학』에서는,

> 다른 사람이 싫어하는 것을 좋아하고 다른 사람이 좋아하는 것을 싫어하는 것, 이것을 인간의 본성을 거역하는 것이라고 하는 것이니 재앙이 반드시 몸에 미칠 것이다.*

라고 하여 인간 본성의 보편성 상실을 경계하고 있다.

주자는 이것을 '불인不仁함이 매우 심하다.'**라고 주석한다.

---

* 『大學』「傳十章」: "好人之所惡 惡人之所好 是謂拂人之性 災必逮夫身."
** 『大學章句』「傳十章」註: "好善而惡惡 人之性也 至於拂人之性 則不仁之甚者也."

반면에,

> 백성들이 좋아하는 바를 좋아하고 백성들이 싫어하는 바를 싫어하는 것, 이것을 일러 백성의 부모라고 말한다.*

주체의 좋아하고 싫어함이 타인과 일치할 때 부모 자식과 동일한 관계가 설정되는 것이다. 이것이 바로 『대학』의 혈구지도의 내용이다.

유학에서는 혈구지도의 방법을 또한 충서忠恕로 설명하기도 한다. 주자는 "자기의 마음을 다하는 것을 충忠이라 하고, 자기 마음을 미루어 남에게 미침을 서恕라 한다."**고 하였다. 또한 "자기의 마음으로써 남의 마음을 헤아려 볼 때 일찍이 같지 않음이 없으니 道가 사람에게서 멀리 있지 않음을 알 수 있다."***고 하였다. 그러므로,

> 자기가 하고자 하지 않는 일을 남에게 베풀지 말라.****

---

*『大學』「傳十章」: "民之所好好之 民之所惡惡之 此之謂民之父母."
**『大學章句』第十三章 註: "盡己之心爲忠 推己及人爲恕."
***『大學章句』第十三章 註: "以己之心 度人之心 未嘗不同 則道之不遠於人者 可見."
****『大學章句』第十三章 註: 故 "己之所不欲 則勿以施於人."

라고 말하였다. 공자는 중궁仲弓이 仁에 대하여 물었을 때,

> 내가 원하지 않는 것은 남에게 베풀지 않아야 한다.*

고 하였고, 공자는 "이것이 서恕"라고 대답하였다.**

공자의 다음 말에서 다시 한번 뜻을 정리했다.

> 인자仁者는 자신이 서고자 하면 남도 서게 하며, 자신이 통달하고자 하면 남도 통달하게 한다.***

주자는 주석에서 '자기로써 남에게 미침은 인자의 마음이니 여기에서 살펴본다면 천리天理가 두루 흘러서 사이가 없음을 볼 수 있다. 仁의 본체를 나타낸 것이 이보다 절실함이 없다.'****고 풀이하였다. 이는 恕에 대한 설명이기도 하고 혈구지도에 대한 설명이기도 하다. 우리는 여기서 자연적 질서 영역에서 인간의 질서를 찾아내는가를 탐색해 볼 필요가 있다.

---

* 『論語』「顔淵」 2 : 仲弓問仁 "己所不欲 勿施於人."
** 『論語』「衛靈公」 23 : 子曰 "其恕乎 己所不欲 勿施於人."
*** 『論語』「雍也」 28 : "仁者 己欲立而立人 己欲達而達人."
**** 『論語』「雍也」 28 註 : "以己及人 仁者之心也 於比觀之 可以見天理之周流切無間矣 狀仁之體 莫切於比."

공자는,

> 나는 칠십에 마음에 하고자 하는 바를 좇아도 법도를 넘지 않았다.*

고 했다. 마음이 하고자 하는 바가 矩[척도]요 곧 법도임을 말하고 있다. 주자는 주석에서 '성인의 마음이 천리에 혼연渾然하여 사욕의 얽힘이 털끝만큼도 없었으니 그 마음에 하고자 하는 바를 따른 것이다. 모두 천리의 큰 쓰임이 유행流行하였으니 스스로 따름을 용납하여도 矩(법도)에 넘지 않았다.'**고 풀이하였다.

이토록 혈구지도는 성인의 道요 천리 질서의 척도이다. 이에서 보면 유학에서 말하는 완전한 인간상은 자연의 질서와 인간의 삶이 완전 일체가 되는 삶을 사는 사람으로 정의할 수 있다.

---

* 『論語』「爲政」4 : "七十而 從心所欲 不踰矩."
** 小註 : "聖人之心 渾然天理 無一毫私欲之累 隨其心之所欲 皆天理大用之流行 自從容而不踰於矩." (大全)

3. 중화中和로서의 자연 질서

중화란 서로 관계된 대상들이 바람직한 평형을 이루어 조화로운 상태를 유지함을 말한다.

이것은 인간 세계의 가치영역에도 있을 수 있으며, 자연계의 사실영역에서도 있을 수 있는 상태이다.

『중용中庸』에서는 한쪽으로 치우치지 않음을 중中이라 하고, 또 희로애락의 감정이 나타나기 전의 상태를 中이라고도 한다. 또 희로애락의 감정이 나타나 모두 알맞게 된 상태를 화和라고 한다.*

이러한 中의 관점은 『논어』에서 다양하게 표출된다.

> 자공이 묻기를 자장과 자하는 누가 낫습니까? 공자 말씀하기를, 자장은 지나치고 자하는 모자란다. 자공이 말하기를, 그렇다면 자장이 낫습니까? 공자 말씀에 지나침은 모자란 것과 같다.**

---

* 『中庸』第一章 : "喜怒哀樂之未發 謂之中 發而皆中節 謂之和."
** 『論語』「先進」15 : 子貢 問 "師與商也孰賢 子曰 師也 過 商也 不及." 曰 "然則 師 愈與" 子曰 "過猶不及."

> 질質이 문文을 이기면 촌스럽고, 文이 質을 이기면 호화
> 스럽기만 하니 文과 質이 어우러진 뒤에야 군자가 된다.*

라고 하여 지나침과 모자람을 동시에 비판하고 있다.

주자는 주석에서 '道는 중용을 극치로 삼으니 현자賢者와 지자智者의 지나침이 비록 우자愚者와 불초不肖한 자의 미치지 못함보다 나은 것 같으나 그 중도를 잃음은 똑같은 것이다.'**

내적인 바탕과 외적인 형식의 조화를 이상으로 보는 공자의 말 속에 이미 中 관념이 내재되어 있다.

> 공자께서는 온화하면서도 엄숙하시고 위엄이 있으면서
> 도 사납지 않으시고 공손하면서도 편안하셨다.***

이 말에는 특히 공자의 인격을 묘사한 문장으로 두 가지 대립적인 요소들이 어느 한쪽으로 치우치지 않고 균형을 이룬 상태를 잘 묘사하고 있다.

주자는 이 구절을 '오직 성인만이 전체가 혼연에 나타남이 이

---

* 『論語』「雍也」16 : 子曰 "質勝文則野 文勝質則史 文質彬彬 然後君子."
** 『論語』「先進」15 註 : "道 以中庸爲至 賢知之過 雖若勝於愚不肖之不及 然 其失中則一也."
*** 『論語』「述而」37 : 子 "溫而厲 威而不猛 恭而安."

와 같다.'*라고 주석하여 온화함과 엄숙함, 위엄과 사납지 않음, 공손함과 편안함을 '음, 양'으로 규정하고 이 대응 항들이 균형을 이룬 상태를 '중화'로 보고 있다. 즉 '中'은 독립된 실체가 아니라 '지나침[過]'과 '모자람[不及]', 음과 양이라는 외변外邊과의 관계성에 의하여 정립되는 개념인 것이다. 이 같은 中의 속성을 명시한 구절이 『중용』 6장의 다음 문장이다.

> 순舜은 위대한 지혜를 가진 분이실 것이다. 순은 묻기를 좋아하며 친근한 말로 살피기를 좋아하시되 악은 숨기고 선은 드러내시며 그 양단兩端을 잡아 백성에게 그 中을 쓰시니 그것이 순이 된 이유이다.**

이 문장에서 말하는 양단은 극단적으로 대립하는 여론을 말한다. 주자가 '그 양단을 잡아 헤아려서 중을 취한 뒤에 쓴다.'***라고 설명한 바와 같이 中은 두 개의 대립 항에 의하여 정립되는 것이다.

---

* 『論語』「述而」 37 註: "惟聖人 全體渾然 陰陽合德 故 其中和之氣見於容貌之間者如此."
** 『中庸章句』 第六章: 子曰 "舜 其大知也與 舜 好問而好察邇言 隱惡而揚善 執其兩端用其中於民 其斯以爲舜乎."
*** 註: "執其兩端而量度以取中然後 用之."

中이란 음과 양이라는 대응 항의 관계가 '어느 한편으로 치우치거나 기울어지지 않고 어느 한쪽의 세력이 지나치게 크거나 모자라지 아니한 관계' 그 자체이다.

앞에서 인용한 『논어』 「술이」 편에서 공자의 인격을 묘사한 문장에서 두 덕목의 균형 잡힌 관계성 그 자체가 중으로 정립된다. 예를 들면 공자의 인격을 '온이려溫而厲'라고 표현했을 때 이것은 온화함과 엄격함이 어느 한쪽으로 치우치지 않고 균형을 이룬 상태로서 그 자체가 양자를 포괄하면서 통일된 제3의 고차적인 덕목이 된다.

이것이 바로 중용의 덕이다. 이와 같은 균형성이야말로 인간 세계뿐만 아니라 자연계의 근본 질서로서 규범의 이상으로 보는 것이 유가뿐만이 아니라 중국 고대 사상가의 원초적 관념이다.*

그러면 여기서 사실적 자연 질서의 세계로 들어가 현대 과학이 밝히는 화학化學에서의 중화의 이미는 어떠한가 살펴보기로 한다.

화학에서 중화(neutralization)란 산酸과 염기鹽基가 당량當量씩 반응하여 산 및 염기로서의 성질을 잃은 현상이다.

이처럼 성질이 정반대인 대립적 물질도 서로 합해지면 작용하

---

* 崔英辰, 『유교사상의 본질과 현재성』, 유교문화연구소, 2002, p. 52-53

여 반응이 일어나고 두 물질의 성질이 완전히 변하여 중성中性이 되는데, 이때 만들어진 새로운 물질이 '소금'이다. 이러한 반응으로 일어난 작용을 중화라고 하고 있다.*

산성인 염산과 알카리성인 가성소다를 음과 양의 두 범주로 분류할 수 있는데 대응 항의 균형성 자체를 '中'으로 규정할 수 있다. 이 '中'의 균형을 갖춘 당량이 합하여 작용함으로써 만들어진 중성 상태가 '중화'이다.

유학에서 말하는 중화를 가치영역 분야라고 한다면, 화학에서 말하는 중화는 사실영역 분야라고 분류할 수 있으나 전자는 심성心性에서 후자는 물성物性에서 그 의미를 찾을 수 있을 뿐 시사하는 상징성은 동일하다.

『주역』에서 표현하고 있는 상징성은 이 두 분야의 영역을 모두 포함하여 나타내고 있다.

예를 들면, 『주역』의 '택산함澤山咸' 괘는 형국이 서로 다른 두 괘가 결합하여 조화를 이루는 상태를 상징하는 괘이다.**

---

* 화학에서 중화란 가장 기본적인 반응의 하나로 산-염기 반응이라고도 한다. 염산 HCL과 수산화나트륨(가성소다) NaOH가 반응하여 염화나트륨과 물 H_2O를 생성하는 반응이 한 예이다. HCL + NaOH → Nacl + H_2O 이 반응은 산의 특징으로서 H^+, 염기의 특징으로서 OH^-를 생각하면 H + OH → H_2O라는 반응이 주체가 되며 이러한 반응을 중화라고 한다. 일반적으로 중화란 중성으로 향하는 과정을 나타내고 있으며, 강산과 강염기에 의한 반응인 경우는 중성을 나타낸다.
** 李基東, 『周易講說』 上, 成均館大學校出版, 1997, p. 365-367.

『중용』에서 말하는 심성의 중화나 화학에서의 중화는 의미하는 바가 모두 불편불의不偏不倚 무과불급無過不及을 말하는 것이니 『주역』의 함괘咸卦에서의 조화성과 상징하는 것이 다를 바가 없다고 하겠다.

이처럼 천지 만물의 조화로움은 천도天道로서 하나인 것이니 아무리 정반대의 극과 극이 만나고 아주 다른 정반대의 독성이 만나더라도 그 조화로움에서는 하나일 수밖에 없는 진리가 있다.

사람이 천명에 따라 산다면 이념이 반대인 다른 사람과 만날지라도 조화로움에서는 하나일 수밖에 없는 것이다.

이것이 하늘이 준 본성이고 이를 좇아 사는 것이 道인 동시에 도덕적 당위 규범이다.

그러므로 『중용』에서

> 중화를 지극히 하면 천지가 제자리를 편안히 하고 만물이 잘 생육될 것이다.*

라고 하였다.

주자는 주석에서 '천지와 만물이 본래 나와 일체이다. 그리하

---

*『中庸』第一章: "致中和 天地位焉 萬物育焉."

여 나의 마음이 바르면 천지의 마음이 또한 바르고, 나의 기운이 순하면 천지의 기운이 또한 순하다. 그러므로 그 효험이 이와 같음에 이르는 것이다.'*라고 하였다.

 천지와 만물과 내 마음이 일체가 되어 내 마음이 바르고 기운이 순하면 천지의 마음과 기운도 순한 것이니 천지인天地人의 효험이 같다는 것이다.

---

* 『中庸章句』 第一章 註 : "蓋天地萬物 本吾一體 吾之心正 則天地之心亦正矣 吾之氣順 則天地之氣亦順矣 故 其效驗 至於如此."

| 맺음말 |

늦기 전에

 우선 여기쯤에서 짤막하고 간단하게 마치며 독자들께 '늦기 전에'라는 한 낱말을 드린다.
 세월!
 붙잡을 수 있으면 좋으련만 누구도 잡을 수 없으니 야속한 것이 세월이더군요!
 안타깝지만 무엇을 탓할까요.
 탓하기보다 방법은 오직 하나, '늦기 전에'뿐입니다.
 '늦기 전에' 무리하지는 말고 당신의 체력이 허락하는 범위 내에서 무엇이든 당신이 길러 온 소양을 찾아서 그것을 잡고 벗하세요.
 더 어둡기 전에 등불을 켜세요.

 필자도 지난 세월을 돌이켜보면 무엇을 하며 흘려보냈는지!

둘러보니 어느새 서산낙일西山落日임을 느낄 뿐입니다.

'늦기 전에'를 읊조려 보았으나 눈은 활자를 읽기도 힘들고, 돌보기에 또 겹으로 확대경을 받쳐 보며 과연 내가 이것을 끝낼 수 있을까 우려했으나, 그래도 노생老生의 집념 하나로 맺음말 쓰기에까지 이르렀습니다.

더 드릴 말씀이 무엇 있겠습니까.

모든 기능이 짐작할 만하니 꾸며진 책 내용인들 변변하겠습니까만, 그래도 읽고 또 읽을수록 묘하게 빠져드는 매력도 있을 겁니다.

그 이유는 글 쓴 솜씨라기보다는 유구한 고전古典을 중심으로 하여 뜻을 인용한 것이기 때문입니다.

아무튼 훌륭하신 상우尙友님들*의 마음과 뜻[心志]을 벗 삼아 엮은 것이니 참작하여 읽어 주시면 고맙겠습니다.

衍岩 이환식 拜

---

*『孟子』「萬章」下 8. : 책을 통하여 벗으로 삼은 옛사람.

이환식 李桓植

- 본향 홍주(홍성)에서 태어나고 광복을 맞다.
- 청소년기 월계서당에서 한문 수학
- 홍성중, 홍성고 졸업
- 명지대학교 공과대학 졸업
- ㈜삼영전자공업 입사
- 품질보증 부서 담당 이사 퇴임
- 성균관대학교 유학대학원(사회지도, 서예학 수료)
- 동 대학원 동양사상문화학과(유교경전학 전공, 문학석사 학위 취득)
- 성균관 임원(전학典學) 역임
- 서당 교덕학숙 운용
- 교학敎學 종료

- 편저 『올곧은 삶, 참마음을 알아차리자』
- 번역서 『한글로 읽는 노자 도덕경』
- 논문 「선진 유가의 도덕원리와 자연질서의 상관성에 관한 연구」

올곧은 삶, **참마음을 알아차리자**

초판 1쇄 발행 2025년 9월 30일

편저자   이환식
발행인   장문정
발행처   문예바다
           등록번호 105-03-77241
           주소 서울 종로구 삼일대로30길 21(종로오피스텔) 611호
           전화 02-744-2208
           메일 qmyes@naver.com

ⓒ 이환식, 2025. Printed in Seoul, Korea
ISBN 979-11-6115-287-5 (03810)

* 이 책의 저작권은 편저자와 문예바다에 있습니다.
* 양측의 서면 동의 없는 무단복제를 금합니다.